VOICI L'HEURE !

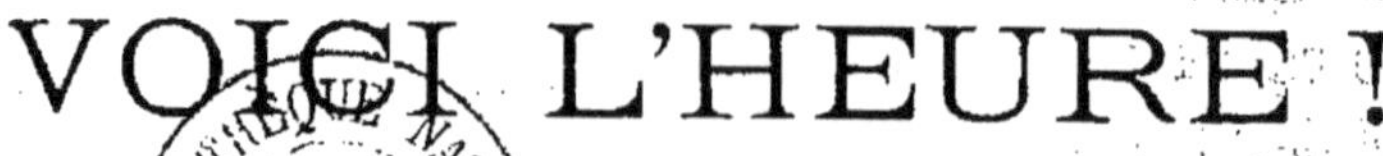

INTERPRÉTATION

DE

LA PROPHÉTIE D'ORVAL

ET

D'UN SIÈCLE DE RÉVOLUTION

Huitième Édition

REVUE ET AUGMENTÉE

Par H^{te} T.

*Pourtant les Justes ne périront pas,
dit le prophète, Dieu les a écoutés.*

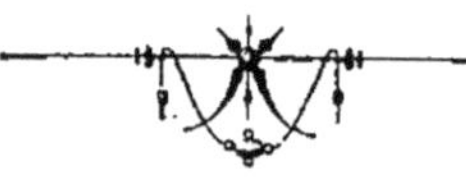

NANCY

IMPRIMERIE ALBERTUS, 146, RUE JEANNE-D'ARC

—

1910

—

Droits réservés.

Catholiques, mes frères, qui avez encore votre foi ! vous, qui osez encore prendre part au banquet sacré de l'Eucharistie ! voici l'heure de Dieu qui approche ! Levez-vous ! travaillez et priez !

Depuis longtemps, sans doute, vous voyez avec tristesse, le mal et la débauche marcher tête levée dans tous les lieux et dans toutes les conditions ; vous souffrez dans le fond de vos âmes et vous gémissez à la vue de la persécution grandissante et jamais assouvie ; vous regardez avec la plus vive anxiété le législateur et ses adeptes, travailler sans relâche comme sans merci, à la perversion des âmes, et vous priez ; Dieu en soit béni !

Mais est-ce bien assez ?

Non, je ne le crois pas.

Non, ce n'est pas assez à cette heure solennelle et terrible qui approche ; à cette heure que les prophètes du christianisme, depuis S. Jean dans son Apocalypse jusqu'à nos jours, nous présentent comme une heure de triomphe pour Satan. Non, ce n'est pas assez pour réveiller les indifférents, pour réchauffer les tièdes, pour augmenter le nombre des *justes* et assurer, enfin, par la vertu et les mérites des âmes dévouées, le triomphe de notre mère, la sainte Église : Non, ce n'est pas assez, il faut que vous soyez tous des apôtres !

Or, il m'a semblé que je réussirais peut-être à susciter votre ardeur, en remettant sous vos yeux, les paroles de menaces et de consolations que Notre-Seigneur a inspirées pour nous à l'un de ses voyants, paroles, hélas ! trop oubliées sinon méprisées de nos jours. Et, pour éviter toute discussion sur la vérité des textes, j'ai choisi l'un des plus universellement connus, celui qu'on retrouve dans tous les recueils depuis un demi-siècle, celui du prophète d'Orval enfin, auquel les évènements passés donnent une exactitude indiscutable.

J'ai donné déjà plusieurs éditions de cette œuvre, depuis 1886 ; elles ont reçu bon accueil de nombreux lecteurs.

Je ne doute pas que l'interprétation que j'entreprends aujourd'hui, interprétation rendue de plus en plus certaine à mesure que se déroulent les évènements, sera reçue par tous les catholiques sincères à qui seuls, elle s'adresse, qu'elle ravivra leur foi et leurs espérances en un meilleur et prochain avenir.

Dieu veuille bénir cette œuvre de son humble serviteur ! Qu'à la vue des malheurs terribles qui doivent bientôt fondre sur la France et de la faveur qui est promise à *ses justes*, les catholiques s'arment de courage ! Qu'ils travaillent avec ardeur à leur sanctification et à celle des autres ! Et un mot, que, précurseurs des *apôtres des derniers temps*, indiqués dans le secret de la Salette, ils se fassent apôtres eux-mêmes. Ainsi nous aurons assez de justes pour assurer et voir le triomphe de notre chère France, pour marcher avec elle, à la délivrance de notre Mère, la sainte Église, sous la bannière du jeune roi du Sacré-Cœur que la Providence nous réserve.

H^{te} T.

LA PROPHÉTIE D'ORVAL

OU

D'APRÈS LE TEXTE ORIGINAL :

Prévisions certaines révélées par Dieu à un solitaire pour la consolation des enfants de Dieu.

———❖———

Trop d'ouvrages ont discuté l'authenticité de cette révélation et l'ont nettement prouvée, pour que je m'attarde à le faire ici. Qu'il me suffise de rappeler que les pouvoirs publics ont essayé plusieurs fois, depuis Napoléon Ier, de nier cette authenticité. De même ils ont combattu avec retentissement l'apparition de la Salette, celle de Lourdes et beaucoup d'autres faits surnaturels, parce que les textes révélés et reproduits faisaient connaître leurs crimes et annonçaient leurs châtiments.

Les copies les plus anciennes de cette prophétie datent de 1793, tandis que le texte original paraît être du XVIe siècle ; elles varient fort peu et seulement dans certains termes, que des copistes ont cru devoir changer en remplaçant des mots du vieux français difficiles à comprendre.

La manière d'interpréter son texte a varié plus encore. Aucune version ne satisfait absolument l'esprit, tant le sens a été forcé et les durées des lunes mal appliquées.

L'interprétation que j'ai adoptée est plus simple, plus exacte, j'espère qu'elle intéressera le lecteur [1].

Voici d'abord le texte tout entier tel que le publient divers ouvrages depuis 1823. Je l'extrais d'un opuscule spécial, imprimé à Lausanne en 1871, séparé de l'interprétation peu heureuse qui l'accompagne :

« En ce temps-là, un jeune homme, venu d'Outre-Mer,
« dans le pays du Celte gaulois, se manifeste par conseil
« de force ; mais les grands ombragés l'enverront guer-
« royer dans la terre de la captivité.

« La victoire le ramènera au pays premier.

« Les fils de Brutus, moult stupides seront à son
« approche, car il les dominera et prendra nom empereur.

« Moult hauts et puissants rois sont en crainte vraie,
« car l'aigle enlève moult sceptres et moult couronnes.
« Piétons et cavaliers, portant aigles sanglantes, avec
« lui courront autant que moucherons dans les airs ; et
« toute l'Europe est moult ébahie, aussi moult sanglante;
« car sera tant fort, que Dieu sera cru guerroyer d'avec
« lui.

« L'Église de Dieu moult désolée, se console tant peu
« en voyant ouvrir ses temples à ses brebis tout plein
« égarées. Dieu est béni. »

« Mais c'est fait. Les lunes sont passées. Le vieillard
« de Sion (Rome, la sainte Sion catholique) a crié à
« Dieu de son cœur moult endolori par peine cuisante ;
« et voilà que le Puissant est aveuglé pour péchés et
« crimes. Il quitte la grande ville avec Ost si belle
« que oncque se vit jamais si telle ; mais oncque guer-
« royer ne tiendra bon devant la face du temps ; et
« voilà que la tierce-part et encore la tierce part a péri
« par le froid du Seigneur tout-puissant. »

---

(1) Cette interprétation ne saurait être cependant la même que celles de 1885 et de 1889 à cause des événements passés depuis, qui ne pouvaient être prévus alors que d'une manière générale et sous une forme dubitative.

« Mais deux lustres sont passés d'après le siècle de la
« désolation, comme j'ai dit à son lieu, tout plein fort
« ont crié à Dieu les veuves et les orphelins ; et voilà
« que Dieu n'est plus sourd. »

« Les hauts rois abaissés, reprennent force et font
« ligue pour abattre l'homme tant redouté ; voici venir
« avec maints guerroyers le vieux sang des siècles, qui
« reprend lieu et place dans la grande ville, cependant
« que l'homme dit, moult abaissé, va au pays d'Outre-
« Mer, d'où était advenu. »

« Dieu seul est grand !... La lune 11me n'a pas lui
« encore et le fouet sanguinolent du Seigneur revient en
« la grande ville, et le vieux sang quitte la grande ville.»

« Dieu seul est grand !... Il aime son peuple et a le
« sang en haine. La 5e lune a relui sur maints et maints
« guerroyers d'Orient ; la Gaule est couverte d'hommes
« et de machines de guerre ; c'est fait de l'homme de
« mer. »

« Voici encore venir le vieux sang de la Cap.

« Dieu veut la paix et que son saint Nom soit béni.
« Or, paix grande et florissante sera aux pays des Celtes
« Gaulois. La Fleur-Blanche est en honneur moult
« grand ; la Maison de Dieu chante moult saints can-
« tiques. »

« Cependant les fils de Brutus, oyent avec ire la Fleur-
« Blanche et obtiennent règlements puissants, ce pour
« quoi Dieu est encore moult fâché à cause des siens,
« et pour ce que le saint jour est encore moult profané,
« et pourtant Dieu veut éprouver les siens par 18 fois
« 12 lunes qu'arrivera leur retour. »

« Dieu seul est grand !... Il purge son peuple par
« maintes tribulations, mais toujours les mauvais
« auront fin. »

« Sus donc lors (1), une grande conspiration contre la
« Fleur-Blanche chemine dans l'ombre par les mains
« des compagnies maudites, et le vieux sang de la Cap
« quitte la grande ville et moult gaudissent les fils de
« Brutus.

« Oyez comme les servants Dieu crient tout fort à
« Dieu et que Dieu est sourd par le bruit de ses flèches
« qu'il retrempe en son ire, pour bientôt les mettre au
« sein des mauvais. »

« Malheur aux Celtes Gaulois !... le Coq effacera la
« Fleur-Blanche et un Grand s'appelle le Roi du peuple.
« Grande commotion se fera sentir chez les gents, parce
« que la couronne sera posée par mains d'ouvriers qui
« ont guerroyé dans la grande ville. »

« Dieu seul est grand !... Le règne des mauvais sera
« vu croître ; mais qu'ils se hâtent ! voilà que les pensées
« du Celte-Gaulois se choquent et que grande division
« est dans leur entendement. Le Roi du peuple, en
« abord, vu moult faible ; et pourtant contre ira bien
« des mauvais ; mais il n'était pas bien assis, et voilà
« que Dieu le jette à bas. »

« Hurlez, fils de Brutus !... Appelez par vos cris les
« bêtes qui vont vous dévorer. »

« Dieu seul est grand !... Quel bruit d'armes !... Il
« n'y a pas encore un nombre plein de lunes et voici
« venir maints guerroyers. »

« C'est fait. La Montagne de Dieu désolée, a crié à
« Dieu ; les fils de Juda ont crié à Dieu de la terre
« étrangère ; et voilà que Dieu n'est plus sourd. Quel
« feu va avec ses flèches !.... Dix fois 6 lunes et puis (2)
« encore 6 fois 10 lunes ont nourri sa colère. »

« *Malheur à toi, Grande Ville !...* « Voici venir des
« Rois armés par le Seigneur ; mais déjà le feu t'a

---

(1) Israël : Certains textes ajoutent ce mot.
(2) Les plus vieilles éditions disent : pas.

« égalée à la terre ; pourtant tes justes ne périront pas,
« Dieu les a écoutés. La place du Crime est purgée par
« le feu, le Grand Ruisseau a éconduit, toutes rouges
« de sang, ses eaux à la mer, et la Gaule, vue comme
« décabrée, va se rejoindre. Dieu aime la paix ; venez
« jeune Prince, quittez l'isle de la Captivité. Oyez.
« Joignez le Lion à la Fleur-Blanche, venez. »

« Ce qui est prévu, Dieu le veut, le vieux sang des
« siècles terminera encore de longues divisions.

« Lors, un seul Pasteur sera vu dans la Celte-Gaule.»

« L'homme puissant par Dieu s'assoyera bien. Moults
« sages règlements appelleront la paix. Dieu sera cru
« guerroyer avec lui tant prudent et sage sera le rejeton
« de la Cap. »

« Grâce au Père de la Miséricorde !... La Sainte Sion
« rechante dans ses temples un seul Dieu grand. Moults
« brebis égarées s'en viennent boire au vrai ruisseau
« vif. Trois Princes et Rois mettent bas le manteau de
« l'erreur et oyent clair en la foi de Dieu. »

« En ce temps-là un grand peuple de la mer reprendra
« vraie croyance en deux tierces-parts. »

« Dieu est encore béni pendant 14 fois 6 lunes et
« 6 fois 13 lunes. »

« Dieu est saoûl d'avoir baillé des miséricordes, et
« ce pourtant il veut, pour les bons, prolonger la paix
« encore pendant 10 fois 12 lunes. »

« Dieu seul est grand !... Les biens sont faits. « Les
« Saints vont souffrir. L'homme du mal arrivé de deux
« sangs prend croissance. »

« La Fleur-Blanche s'obscurcit pendant 10 fois 6 lunes
« et 6 fois 20 lunes »

« Moult de mal, guère de bien seront en ce temps-là.
« Moult grandes villes périssent par le feu. »

« Sus donc, Israël vient à Dieu-Christ tout de bon. »

« Sectes maudites et sectes fidèles sont en deux parties
« bien marquées. »

« Mais c'est fait !... Lors, Dieu seul sera cru. Et la
« tierce-part des Gaules et encore la tierce-part et demie
« n'a plus de croyance, comme aussi tout de même les
« autres gents. »

« Et voilà déjà 6 fois 3 lunes » et 4 fois 5 lunes que
« tout se sépare. Et le siècle de fin a commencé. »

« Après un nombre non plein de lunes, Dieu combat
« par ses deux justes, et l'homme du mal a le dessus.»

« Mais c'est fait. Le Haut Dieu met un mur de feu qui
« obscurcit mon entendement et je n'y vois plus. »

« Qu'il soit béni, loué à jamais. *Amen.* »

Pour ne pas mettre le lecteur dans obligation de
recourir à ce texte à mesure que je l'interpréterai, j'en
reproduirai successivement les alinéas, en montrant avec
quelle exactitude ils font l'histoire anticipée du XIXe
siècle.

Prouver cette exactitude des prévisions du solitaire
d'Orval pour les époques passées, c'est démontrer leur
valeur pour les événements de l'avenir.

Cependant on conçoit que l'interprétation de cette
seconde partie des textes, qui semblent aujourd'hui
n'embrasser qu'une période de moins d'un siècle, ne
peut être qu'une ébauche timide des évènements futurs.

Je veux, avant d'entrer dans mon sujet, faire quelques
remarques qui ressortent jusqu'à l'évidence de la lecture
du texte.

Le solitaire cistersien, évidemment inspiré, a surtout
en vue l'intérêt de Dieu et de l'Église et il passe très
brièvement sur les événements qui n'ont aucune influence
sur cet intérêt.

Il a une prédilection pour la race royale que Dieu a
donnée à la France et pour laquelle il réserve ses bénédictions. En dehors de ce point de vue, rien ne s'expli-
que.

Enfin, il néglige de marquer la durée des périodes révolutionnaires pendant lesquelles le pouvoir appartient à tous, parce que ces époques sont comme des heures que Dieu laisse à son peuple pour le convertir par la vue du mal et l'amener à implorer son secours.

La manière de compter les années par lunes demande aussi quelques explications.

Vers la fin du XVe siècle, époque à laquelle vivait le solitaire d'Orval, le calendrier utilisé était encore le calendrier julien qui comptait par lunaisons ; il y a lieu d'en tenir compte pour supputer les périodes du prophète et les traduire en mois et années de notre calendrier actuel basé sur la révolution solaire.

Le cycle lunaire, appelé encore *nombre plein de lunes*, comprend 235 lunaisons après lesquelles les lunes reprennent les mêmes dates. Cela fait 19 années sidérales du soleil ou 19 années de douze lunes plus sept lunaisons.

Le lustre de l'année julienne, expression employée aussi, comprend 5 années de douze lunaisons, soit 4 ans 10 mois, 12 jours de notre calendrier grégorien.

Autre observation : le texte du seul livre sauvé de la Révolution était tellement altéré par les doigts des moines et de leurs amis, suivant les évènements pas à pas, qu'il était presque illisible et c'est pourquoi toutes les copies commencent seulement à l'arrivée de Bonaparte en France.

Cela dit, voici mon interprétation :

« En ce temps là, un jeune homme, venu d'Outre-Mer,
« dans le pays du Celte gaulois, se manifeste par conseil
« de force ; mais les grands ombragés l'enverront guer-
« royer dans la terre de la captivité. »

Le jeune Bonaparte, né à Ajaccio, au delà de la mer, se fait remarquer en 1793, au siège de Toulon comme capitaine d'artillerie. Il se montre énergique et habile stratégiste. Bientôt nommé général, il assure de nombreuses victoires à la France, en Italie, et ailleurs. Mais le Directoire s'effraye de sa popularité qui va grandis-

Le prophète ajoute :

« Mais deux lustres sont passés d'après le siècle de la
« désolation, comme j'ai dit à son lieu, tout plein fort
« ont crié à Dieu les veuves et les orphelins ; et voilà
« que Dieu n'est plus sourd. »

A l'époque de cette malheureuse campagne de Russie
il y a déjà deux lustres ou 10 ans écoulés depuis le
commencement du siècle de désolation. (D'après se dit
encore vulgairement pour désigner une partie tirée d'un
tout, un morceau d'après la miche, par exemple).

Ce sera un siècle au moins de désolation pour la
religion et pour la royauté légitime : fin avril 1802,
acceptation publique du Concordat et des articles
organiques qui juguleront le clergé ; 9 mai, triomphe
politique de Napoléon que le suffrage universel nomme
consul à vie, au détriment de Louis XVII et de sa
famille, que Joséphine de Beauharnais, son épouse, ne
peut lui faire reconnaître publiquement. Le prophète
avait dû désigner exactement ce siècle dans le texte
précédent.

Pendant cette malheureuse campagne de Russie, qui a
coûté tant d'hommes à la France, en présence aussi des
pertes subies sur tant d'autres champs de bataille, les
veuves et les orphelins ont supplié Dieu d'arrêter tant
de carnages et Dieu a écouté leurs prières : il prépare
la chute de cet homme de sang qui lève toujours de
nouvelles troupes.

« Les hauts rois abaissés, reprennent force et font
« ligue pour abattre l'homme tant redouté ; voici venir
« avec maints guerroyers le vieux sang des siècles
« qui reprend lieu et place dans la grande ville, cepen-
« dant que l'homme dit, moult abaissé, va au pays
« d'Outre-Mer, d'où était advenu. »

La campagne de Russie n'est pas encore terminée
qu'au commencement de 1813, les grands Etats de l'Europe reprennent courage et se liguent contre la France.

Napoléon, dès le 15 avril, court à l'ennemi, mais ses succès restent sans résultat parce qu'il manque de cavalerie ; néanmoins, acceptant la médiation de l'Autriche, il obtient, dans un congrès, à Prague, le partage de la Pologne. C'est encore un acte criminel.

Peu après, le 15 août, l'Autriche déclare la guerre à l'empereur ; elle s'allie à la Russie et à la Prusse, en décembre, pour le poursuivre et l'abattre ; les trois puissances décident à Francfort que c'est Napoléon seul qu'elles veulent abattre.

En France, les populations réclament peu à peu le retour d'un roi ; le Corps législatif refuse le supplément d'impôts que demande l'Empereur et, le 1er janvier 1814, il le traite de factieux.

Napoléon n'a que 60.000 hommes à opposer aux alliés trois fois plus nombreux ; il lutte de tous côtés mais sans profit sur le territoire même de la France ; il laisse partir de Fontainebleau, son prisonnier, Pie VII, le 23 janvier, et rentre à Paris le 31 mars.

Le 1er avril, le Sénat prononce sa déchéance et celle de sa famille au moment où il croit pouvoir abdiquer en faveur de sa femme, Marie-Louise, et de son fils, le jeune roi de Rome.

Enfin le 6 avril, Napoléon vaincu et se sentant abandonné de tous, abdique absolument le pouvoir pour lui et les siens. Il reçoit en échange la principauté sur l'Ile d'Elbe, île dans les eaux de la Corse, pays d'où il est sorti, tandis que son épouse, Marie-Louise, reçoit les duchés de Parme et de Plaisance. Le 20 avril, il fait ses derniers adieux à ses braves généraux dont quelques-uns l'accompagnent.

Dans ce même temps, Louis-Xavier de Bourbon, comte de Provence, frère aîné de Louis XVI, régent du royaume, reçoit dans sa retraite en Angleterre, de pressants appels et des puissances alliées et du Sénat français. Les premières ont hâte de conclure un traité de Paris qui confirme les épouvantables concessions faites par

Talleyrand en vue d'une armistice, concessions où villes, armements, vaisseaux et territoires acquis depuis le 1er janvier 1792, tombent en la possession de l'ennemi ; le second pour donner un chef à la France.

Déjà, le comte d'Artois, autre frère de Louis XVI, qui est venu d'Allemagne derrière les armées ennemies, est entré le 11, aux Tuileries, en prenant le titre de lieutenant-général du royaume.

Le 20 enfin, le comte de Provence, sûr à ce moment, que ni son neveu, ni Napoléon, ne peuvent lui disputer le pouvoir, quitte sa retraite, passe à Londres où il entre comme roi de France, et débarque à Calais, le 26 avril.

Sa nièce, la duchesse d'Angoulême, et les princes l'accompagnent ; il est à Paris le 3 mai.

« Dieu seul est grand !... La lune 11e n'a pas lui encore
« et le fouet sanguinolent du Seigneur revient en la
« grande ville, et le vieux sang quitte la grande ville. »

Dieu seul est grand !... Dieu seul est la souveraine justice, il ne fait aucune compromission.

Louis XVIII, au contraire, se montre fort injuste : sa conscience lui ordonnait d'appeler son neveu, qui seul avait droit légalement au trône de ses pères et de le proclamer roi de France, mais il n'écoute pas cette voix de la conscience.

Il réunit les princes et ses ministres ambitieux, et, dans un long conciliabule où furent discutés l'avis de l'empereur de Russie, fidèle à l'orphelin du Temple, et les supplications de Joséphine de Beauharnais, sa dévouée protectrice, il fait décider que ce malheureux Prince restera ignoré par raison et par secret d'Etat.

Plus tard, le 21 janvier 1815, il confirme cette faute, à l'occasion de la consécration de la chapelle expiatoire. Celle-ci est dédiée à Louis XVI et à Marie-Antoinette, *seuls ;* n'était-ce pas déclarer implicitement que leur enfant-martyr n'était pas mort ?

Dans ce même mois, Louis XVIII s'entend avec les

puissances coalisées pour consommer le partage de la Pologne.

De tels actes, auxquels certains auteurs ajoutent la mort inopinée de Joséphine de Beauharnais empoisonnée, dit-on, par un bouquet qui lui était traîtreusement offert, le 29 mai, ne pouvaient plaire à Dieu, aussi la onzième lune qui, après le 3 mai 1814, devait luire le 24 mars 1815, n'est pas encore arrivée à son jour que Napoléon, le fouet sanguinolent du Seigneur, débarqué près de Cannes, le 1er mars, avec quelques généraux, ses amis et une troupe variée d'une centaine d'hommes, arrive en triomphateur à Lyon d'abord, le 10, où il se déclare souverain, et à Paris le 29, au soir, entraînant à sa suite les troupes enthousiastes que Louis XVIII avait envoyées pour l'arrêter.

Ce roi, si peu digne et non béni de Dieu, avait quitté Paris la veille.

« Dieu seul est grand !... Il aime son peuple et a le « sang en haine. La 5e lune a relui sur maints et maints « guerroyers d'Orient ; la Gaule est couverte d'hommes et « de machines de guerre ; c'est fait de l'homme de mer. »

Oui, Dieu seul est grand !... seul il est juste et bon ! Napoléon non plus ne fait rien en vue de la justice et du droit ; Dieu ne saurait lui prêter son appui. Le prophète a fait comprendre auparavant que Dieu rappelait Napoléon pour châtier Louis XVIII coupable, aussi n'est-ce pas pour ses mérites, ni pour ses droits au trône qu'il le laisse revenir au pouvoir, mais bien par charité et par amour pour le peuple de France dont le sang se répand dans de nouvelles batailles.

Depuis le retour de l'Empereur à Paris, 20 mars, il s'est passé quatre lunes et au-delà, quand la France envahie par plus d'un million d'hommes et tout le matériel des armées alliées, voit enfin l'homme de mer vaincu, écrasé sous la réprobation universelle, quitter Versailles pour Rochefort, le 29 juin, et Louis XVIII rentrer à Paris, le 8 juillet.

« Voici encore venir le vieux sang de la Cap. »

La vieille famille royale des Capétiens va régner encore. Le prophète le dit sans enthousiasme.

« Dieu veut la paix et que son saint Nom soit béni.
« Or, paix grande et florissante sera au pays des Celtes
« Gaulois. La Fleur-Blanche est en honneur moult grand;
« la maison de Dieu chante moult saints cantiques. »

C'est pour donner à son peuple de prédilection une paix longtemps désirée ; c'est pour lui rendre la liberté d'honorer Dieu, de le servir et de le bénir à son aise, que Louis XVIII est accepté pour souverain malgré ses fautes [1].

Néanmoins la Fleur-Blanche, la famille royale, est en grand honneur, parce que la paix, paix matérielle et morale règne sans trouble dans tout le territoire.

L'Église, enfin délivrée des persécuteurs, chante de saints cantiques.

« Cependant les fils de Brutus oyent avec ire la
« Fleur-Blanche et obtiennent règlements puissants, ce
« pour quoi Dieu est encore moult fâché à cause des
« siens, et pour ce que le saint jour est encore moult
« profané, et pourtant Dieu veut éprouver la vertu des
« siens par 18 fois 12 lunes qu'arrivera leur retour. »

Cependant les révolutionnaires et franc-maçons élevés sous le règne de la révolution et maintenant à la fleur de l'âge, voient avec colère l'arrivée au trône de l'ancienne royauté capétienne; ils obtiennent de Louis XVIII, la charte constitutionnelle qu'il accorde au peuple, par amour pour lui, dit-il.

Cette charte constitutionnelle assure, entre autres libertés : celle de la presse, qui peut insulter l'Église

---

[1] Il est prouvé dans l'histoire de Martin de Gallardon, confirmée par les archives officielles que, par cet envoyé de Dieu, il a reçu défense absolue, sous menace de mort subite, de se faire sacrer à Reims, parce qu'il était un usurpateur.

et les catholiques ; celle des cultes qui met toutes les théories religieuses et toutes les religions au même droit, supprime la religion d'Etat et permet le travail du dimanche.

Elle rend irrévocable la vente des biens nationaux, et celle des couvents que la révolution a saisis.

Le successeur de Louis XVIII, Charles X, entretient la paix comme son frère, mais il signe aussi la charte à son arrivée au pouvoir.

De même, il renonce à ramener Louis XVII en France, comme, prétend-on, Louis XVIII l'avait demandé avant de mourir ; la raison d'Etat et la crainte du blâme universel sur le règne précédent et sur toute la famille, arrêtent les meilleures volontés.

Dieu est encore « moult fâché » de tant de concessions aux révolutionnaires qui sont nuisibles aux catholiques, prêtres et fidèles, « les siens » et à cause de la façon dont le dimanche est profané, même pour des travaux de l'Etat. Cependant Dieu veut éprouver la vertu de son peuple par 18 fois 12 lunes ou 17 ans 5 mois avant le retour des révolutionnaires au pouvoir. C'est la durée du règne de Louis-Philippe, dernière étape avant la seconde révolution.

« Dieu seul est grand !... Il purge son peuple par « maintes tribulations, mais toujours les mauvais auront « fin. »

Le prophète condamne les règnes de la Fleur-Blanche par ces deux mots qu'il a déjà employés à titre de blâme : « Dieu seul est grand ! » Lui seul est juste et bon ! Lui seul est magnanime ! Il expose les catholiques à de nombreuses tribulations. Des lois et ordonnances sectaires que les méchants obtiennent, entravent leurs efforts pour gagner à Dieu les masses populaires. La presse trop libre gangrène le pays. Plus tard des ordonnances contre les petits séminaires, les décisions des Chambres contre les Jésuites, etc., malgré les protestations des évêques,

« purgent » les catholiques, les débarrassent de leurs faux frères et augmentent la foi des bons.

Les méchants, cette fois encore, croient voir leur triomphe arriver et par leurs votes et leurs barricades, ils se croient déjà maîtres du pouvoir. Dieu toujours les prévient qu'ils trouveront leur fin, au lieu d'un triomphe définitif sur le peuple qu'il s'est choisi.

Le prophète n'a pas, du reste, supputé les règnes du sang de la Cap de Louis XVIII et de Charles X; ils ont trop peu de valeur à ses yeux : ils n'assurent ni le triomphe de la justice, ni celui de la religion. Les rois en subissent le châtiment; leurs règnes sont difficiles, le dernier est obligé de fuir, le prophète le dit en reprenant son récit :

« Sus donc lors, une grande conspiration contre la
« Fleur-Blanche chemine dans l'ombre par les mains des
« compagnies maudites, et le vieux sang de la Cap quitte
« la grande ville et moult gaudissent les fils de Brutus ».

Ainsi donc, pendant ces règnes et surtout pendant celui de Charles X, plus débonnaire, des compagnies maudites, la Franc-Maçonnerie et les Carbonaris, ont. conspiré dans l'ombre et en secret pour combattre la Fleur-Blanche et la renverser. Ils y réussissent et le vieux sang de la Cap, Charles X et sa famille, quittent d'abord Paris pour Saint-Cloud, puis Rambouillet, puis Cherbourg. Les révolutionnaires se rient et se réjouissent de cette fuite facilement obtenue sur l'avis de Martin.

« Oyez, comme les servants Dieu crient tout fort à
« Dieu et que Dieu est sourd par le bruit de ses flèches
« qu'il retrempe en son ire, pour bientôt les mettre au
« sein des mauvais.

Écoutez, voyez, comme pendant ces trois journées de barricades à Paris ; comme à la vue du rétablissement de la garde nationale, de la révolution maîtresse de la France par la presse, la magistrature et la Chambre, les serviteurs de Dieu qui tremblent au souvenir de la première révolution, où tant de catholiques ont trouvé la mort, crient à Dieu.

Ecoutez et voyez comme Dieu est sourd ; il n'entend pas leurs supplications, car il est étourdi par le bruit des nombreuses flèches que dans sa colère, il trempe de nouveau, qu'il durcit (comme le fer ou l'acier qu'on durcit à l'eau alors qu'il a été chauffé au rouge) pour les enfoncer bientôt dans le sein de ses ennemis.

Les députés de Paris s'imposent ; le 31 juillet 1830, ils proposent de donner au duc d'Orléans, le titre de lieutenant général du royaume.

Celui-ci accepte d'être l'élu du peuple : il s'installe aux Tuileries et commande en maître, malgré le roi qui abdique seulement le 2, en faveur du duc de Bordeaux, et qui ne réussit plus à se faire écouter de la Chambre, réunie le 3 ; il reçoit les propositions des ministres sans y répondre.

Le duc d'Orléans a, du reste, approuvé, dès la première heure, la cocarde républicaine d'autrefois et le drapeau tricolore ; il s'est fait recevoir à l'Hôtel de Ville où l'attendent Lafayette, chef de la garde nationale, et le banquier Lafitte, son aide pécuniaire, pendant qu'il travaillait à l'assaut du pouvoir.

Le 6, les Chambres l'appellent à la royauté et, le 7, nommé Roi de France, il prête serment à la nouvelle Charte.

« Malheur aux Celtes Gaulois !.. Le Coq effacera la
« Fleur-Blanche et un Grand s'appelle le Roi du Peuple.
« Grande commotion se fera sentir chez les gents,
« parce que la couronne sera posée par mains d'ouvriers
« qui ont guerroyé dans la grande ville. »

Malheur aux Français ! Le Coq gaulois remplace la fleur de lys et un grand, le duc d'Orléans, se fait appeler le roi des Français, c'est-à-dire l'élu du peuple.

C'est à la suite des oppositions des Chambres et des protestations du peuple qu'il a été choisi ; ce sont les ouvriers en révolte dans Paris qui l'ont appelé et acclamé; et cette manière d'acquérir et de recevoir un trône royal a provoqué une grande impression chez tous les gents ou gentils dans le sens de nations étrangères à la France.

Un trône venait d'être mis à la merci du peuple, cela s'est appelé la révolution de 1830.

« Dieu seul est grand! le règne des mauvais sera vu « croître; mais qu'ils se hâtent! voilà que les pensées du « Celte-Gaulois se choquent et que grande division est « dans leur entendement. Le Roi du Peuple, en abord, vu « moult faible; et pourtant contre ira bien des mauvais; « mais il n'était pas bien assis, et voilà que Dieu le jette « à bas. »

Ce nouveau règne n'est pas fait pour le bien des enfants de Dieu, encore moins pour celui de Louis XVII. Le prophète le proclame par sa phrase sentencieuse : Dieu seul est grand!

Les mauvais, les francs-maçons, à qui Louis-Philippe s'est allié pour arriver au pouvoir, règnent en maîtres et font sentir leur domination. Mais, dit le prophète, qu'ils se hâtent de jouir! Ils voient surgir des ambitions de toutes sortes et dans leurs rangs et parmi les autres Français : les ministres changent fréquemment; la Chambre est plusieurs fois dissoute; les catholiques restés fidèles aux Bourbons, favorisent une manifestation de la Duchesse de Berry, qui essaie de soulever l'Ouest; les amis du régime napoléonien appellent à eux le prince Napoléon, qui essaie deux fois de se faire acclamer sur le territoire français à Strasbourg, puis, plus tard, à Boulogne. En un mot, une grande division règne en France.

Le roi qui d'abord s'est montré si faible qu'il a, dès 1831, laissé les mauvais arracher les croix des flèches des églises de Paris et d'ailleurs; qu'il a laissé abolir l'hérédité de la pairie, n'a pas cédé sur d'autres points: il n'a pas laissé changer la loi électorale, ni la constitution de la Chambre; il s'est trouvé ainsi en présence d'une opposition grandissante des mauvais dont les appétits ne pouvaient être assouvis.

La poussée républicaine soulève aussi de fréquentes émeutes à Paris ou dans les grandes villes et demande de continuelles répressions; six ou huit fois, on attente à la vie du roi.

En un mot, le prophète déclare que cet usurpateur du trône, qui a fait souffrir et expulser Louis XVII après l'avoir laissé vivre en France pendant plusieurs années au milieu des vieux serviteurs de son père Louis XVI, n'est pas bien assis.

A la fin, les républicains imaginent de se réunir en de grands banquets où ils prononcent les plus violents discours contre le roi et la constitution; des émeutes sanglantes éclatent à Paris et dans quelques grandes villes aux cris de « Vive la ré'orme! » La main du Dieu vengeur se fait sentir, et Louis-Philippe fuit avec sa famille en Angleterre, en février 1848.

« Hurlez, fils de Brutus!... Appelez par vos cris les « bêtes qui vont vous dévorer. »

Comme Brutus, qui fut le principal auteur de la république à Rome, les révolutionnaires que le prophète appelle ses fils, doivent chanter leur triomphe. Ils ouvrent toutes grandes les portes à la liberté qui est chantée dans les villes et de nombreuses communes autour d'un arbre qu'on plante avec délire sur la place publique.

Mais l'Assemblée constituante qui a proclamé la république, le 4 mai, n'a pas exclu les Bonaparte des bienfaits du suffrage universel et le prince Louis-Napoléon élu dans trois circonscriptions, voit son élection validée le 13 juin.

Les points qui divisent l'alinéa indiquent que ce n'est pas une révolution bonapartiste mais républicaine qui arrive au pouvoir et chante son triomphe.

Louis-Napoléon n'arrive qu'après, par un chemin largement ouvert aux révolutionnaires.

Dès le 19 juin, son action se fait sentir : ses adhérents obtiennent une nouvelle constituante, restreignant la liberté et condamnant les révolutionnaires. De là ces fameuses journées de juin qui coûtèrent la vie à Mgr Affre tué sur une barricade où il arrivait comme pacificateur. De là cette nécessité d'un pouvoir fort confié au général Cavaignac, des proscriptions des insurgés et d'autres mesures de rigueur.

Ils ont appelé les bêtes qui les dévorent. Louis-Napoléon est nommé président de la république le 10 décembre. Comme son oncle, il fait acte d'autorité; il envoie une petite armée contre la République romaine, malgré la vive opposition qu'il rencontre à l'Assemblée législative et parmi le peuple. Il demande et obtient une liste civile de 2.160.000 francs dès 1850. En 1851, il propose, avec succès, diverses modifications partielles à la constitution pour lui assurer la victoire contre ses ennemis révolutionnaires et anarchistes; il flatte les catholiques en rendant au culte l'église Sainte-Geneviève de Paris, en interdisant le travail le dimanche et les jours fériés dans les chantiers de l'Etat. Il réussit à assurer des retraites aux anciens militaires de la République et de l'Empire; il fait arrêter de nombreux représentants du peuple et obtient un nouveau plébiscite assurant une présidence de 10 ans et une autorité presque absolue. Ce plébiscite lui donne 7.500.000 suffrages proclamés le 31 décembre.

Ce triomphe qui s'accompagne de la proscription des principaux adversaires, est célébré par un *Te Deum* dans toutes les églises et le rétablissement de l'aigle sur le drapeau français, le 1er janvier 1852.

Le 1er avril le Sénat accorde une dotation de 12.000.000.

Le 10 mai, au Champ de Mars, on distribue en grande pompe les aigles des drapeaux.

Le 15 août, on célèbre dans toute la France l'anniversaire de la naissance du Président, ce qui devient la fête nationale.

En septembre, des conseils généraux émettent des

vœux en faveur du rétablissement de l'Empire ; Louis-Napoléon en profite pour parcourir le sud de la France où des populations lui crient vive l'Empereur, tandis que le 9 octobre, à Bordeaux, il déclare que « l'empire c'est la paix ».

De retour à Paris, un sénatus-consulte se prononce en faveur de l'empire, malgré les protestations des révolutionnaires réfugiés à Londres, malgré celles aussi de Chambord à Frosdorff.

Les 20 et 21 novembre, la France appelée à un vaste plébiscite donne 7.500.000 *oui* pour l'empire.

Le résultat, recensé par les soins du Corps législatif, est porté au Président, retiré à Saint-Cloud comme son oncle en 1804; il est remis au président, le 1er décembre.

Le 2, Napoléon est proclamé empereur, «par la grâce de Dieu et la volonté nationale ».

Ainsi les fils de Brutus ont appelé par leurs acclamations les aigles, les bêtes qui les ont dévorés par de vastes proscriptions et des condamnations à mort.

« Dieu seul est grand !... Quel bruit d'armes !.... Il n'y « a pas encore un nombre plein de lunes et voici venir « maints guerroyers. »

L'empereur qui n'a d'autre guide que son ambition, ne mérite pas les bénédictions ni l'approbation du Très-Haut, le prophète le signale dès l'abord par sa phrase sentencieuse : « Dieu seul est grand ».

En effet, il ne fait rien pour la famille de Louis XVII; il la craint comme les rois ses prédécesseurs. Lorsque, pendant sa présidence, les enfants de ce prince se sont adressés à la justice française, contre les prétentions du comte de Chambord qui se disait représenter la branche aînée des Bourbons, il s'est détourné en étouffant la voix de la justice, 1851.

Il n'a rien fait non plus pour l'Eglise de France, au contraire. Il a tenu le clergé en suspicion et a fait condamner plusieurs fois des évêques comme d'abus ; en même temps que, pour s'assurer les voix dont il avait besoin pour se maintenir au pouvoir, il paraissait favoriser les manifestations du culte. Tout le monde a connu son hostilité cruelle contre Lourdes et Bernadette. On sait aussi son action contre la Salette et contre Mélanie.

N'a-t-il pas agi de même envers l'Eglise ? il a paru tout d'abord soutenir le Pape en envoyant des troupes contre la République romaine, et, plus tard, secrètement uni à Victor-Emmanuel et à Cavour son ministre, il a laissé peu à peu le Pape sans défense contre les bandes de Garibaldi qui, elles-mêmes marchaient sous la protection secrète du roi de Piémont (1).

En 1864, il a interdit la lecture publique de l'encyclique fameuse contre les principes de 1789 autrement dit : le Syllabus.

En août 1870, sous le prétexte de la guerre, il a retiré de Rome ce qu'il y avait encore de troupes françaises, zouaves pontificaux ou autres, afin de laisser à Victor-Emmanuel la facilité de s'emparer de la ville et des biens de l'Eglise.

Sur un tel règne le prophète est muet, il lui accorde le mépris du silence. Ou plutôt il ne signale qu'un fait : les luttes armées qui le caractérisent et qui semblent n'avoir eu d'autre but que la suprématie de Napoléon en Europe : « Quel bruit d'armes. »

De 1854 à 1856 a lieu la guerre de Crimée contre la Russie ; de 1857 à 1860 la guerre de Chine entreprise avec l'Angleterre ; de 1859 à 1862, l'envahissement de la Cochinchine ; en 1859, la campagne d'Italie contre l'Autriche ; en 1862, la campagne du Mexique ; enfin, en 1870, la malheureuse guerre avec la Prusse. Mais toutes ces luttes n'ont ni utilité, ni résultats appréciables ; elles n'arrêtent point le prophète. La dernière seule mérite une mention puisqu'elle entraîne la chute de Napoléon.

---

(1) La Sainte Vierge dans son secret donné à Mélanie sur la montagne de la Salette dit textuellement de l'empereur des Français : « que le Pape se méfie de Napoléon, son cœur est double ».

Or, son triomphe comme chef absolu de l'Etat date du 31 décembre 1851 ; l'acceptation de l'aigle pour surmonter ses drapeaux, prélude significatif du pouvoir impérial, date du lendemain 1er janvier 1852, si nous comptons les 19 années du nombre plein de lunes ou cycle lunaire à partir de ces dates jusqu'au 1er septembre 1870, jour où l'empereur se rend aux nombreux guerriers de toute l'Allemagne qui l'enserrent, nous trouvons qu'il s'en faut de 4 mois seulement que les 19 années soient écoulées.

Napoléon est donc renversé du pouvoir par des guerriers avant que son règne ait accompli 19 années entières.

« C'est fait. La Montagne de Dieu, désolée, a crié à
« Dieu ; les fils de Juda ont crié à Dieu de la terre étran-
« gère ; et voilà que Dieu n'est plus sourd. Quel feu va
« avec ses flèches !... Dix fois 6 lunes et puis » ou « pas
« encore 6 fois 10 lunes ont nourri sa colère. »

Le prophète ne s'attarde pas cette fois à jeter un blâme sur le dernier règne en répétant à son sujet la phrase sentencieuse : « Dieu seul est grand ! » il montre nettement que le Seigneur est las d'avoir laissé son peuple de prédilection à des aventuriers et à des usurpateurs qui n'ont tenu compte, ni de la justice, ni de la vérité, qui n'ont rien fait pour le bien de son Église et il les condamne tous à l'aide de ces seuls mots : « c'est fait ».

Oui, c'est fini de la patience de Dieu : l'Empire est renversé par les guerriers, la Commune suit, les grands châtiments commencent, ni les descendants des empereurs, ni ceux des rois illégitimes ne monteront désormais au pouvoir, les méchants vont être vaincus, parce que les prières feront violence au Ciel.

« La Montagne de Dieu a crié à Dieu ; les fils de Juda
« ont crié à Dieu de la terre étrangère ».

Les Papes ne sont-ils pas la Montagne de Dieu, le sommet de l'Église ? les Papes que la France, l'Italie, l'Allemagne et d'autres se sont plues à persécuter, à spolier et à combattre, particulièrement depuis la guerre de 1859 contre l'Autriche, Pie IX, Léon XIII et Pie X ont crié à Dieu chaque jour qu'il ait pitié de son Église malheureuse.

Ils se sont humblement soumis à l'obligation de ne plus sortir de leur demeure (1).

Modèles de sainteté, ils ont répondu à leurs ennemis par la douceur, la charité et l'amour ; ils ont encouragé et soutenu les catholiques tombés dans la plus grande indifférence, en multipliant leurs instructions et leurs conseils. Pie IX fait un dogme de cette vieille croyance si naturelle à l'Immaculée Conception ; il promulgue le Syllabus comdannant les erreurs de 1789 ; il réunit, au milieu des plus grosses difficultés, un Concile œcuménique, le plus grand et le plus universel que l'Eglise ait jamais vu, Concile non terminé ; il obtient de ce Concile la consécration comme dogme de cette infaillibilité dont le Seigneur a toujours accordé le privilège à ses pontifes parlant *ex cathedrâ*, pour maintenir à son Eglise cette stabilité et cette unité qui sont la marque indéniable de l'œuvre de Dieu. Léon XIII offre saint Joseph aux fidèles comme patron de l'Eglise universelle ; il glorifie Notre-Dame de Lourdes, sa source et sa grotte miraculeuses qui arrachent tant d'âmes à l'enfer par la guérison des corps ; il couronne de nombreuses statues vénérées de la Vierge, près desquelles cette bonne Mère a soulagé tant de misère et fait éclore tant de merveilles ; il remet en grand honneur la récitation du chapelet ; il consacre enfin l'Eglise au Sacré Cœur de Jésus. Pie X donne la couronne des saints ou des martyrs au

---

(1) La Sainte-Vierge avait dit à Mélanie sur la Sainte Montagne de la Salette : « que le vicaire de mon fils, le souverain pontife Pie IX, ne sorte plus de Rome après l'année 1859, mais qu'il soit ferme et généreux, qu'il combatte avec les armes de la foi et de l'amour. Je serai avec lui. » Pie IX et ses successeurs ont suivi cet ordre.

curé d'Ars, à Jeanne d'Arc et à tant d'autres âmes privilégiées du ciel ; il facilite et demande aux fidèles la communion fréquente ; il arrache enfin l'Eglise à toute compromission avec les méchants par de graves décisions, par des conseils et des encouragements aux fidèles dans leurs œuvres sociales et religieuses, en vue de promouvoir en tout et partout le règne du Christ.

Dieu a écouté les prières de ses pontifes et malgré l'acharnement de leurs ennemis ils jouissent du respect, de la vénération de tout l'Univers, préludes du triomphe.

Les fils de Juda, eux aussi, ont prié : les descendants directs et nombreux de nos rois légitimes, ne sont-ils pas les fils de cette famille royale que Dieu s'est choisie pour élever la France et soutenir l'Eglise, comme il avait autrefois choisi les rois de son peuple dans la tribu et la famille de Juda ? Pendant plus d'un siècle, ces fils de nos rois ont expié dans l'exil, la persécution et la misère, les fautes de leurs ancêtres, tandis que la France, plusieurs fois meurtrie et abaissée, a été livrée à des geôliers sans pudeur et sans vertu ; ainsi les rois et le peuple juifs ont souffert dans l'exil, sous la férule des rois de la Chaldée, après avoir vécu dans la servitude en Egypte.

Ces fils de Juda, sous la conduite de leur sœur aînée, la princesse Amélie de Bourbon, femme vertueuse et grande chrétienne, se sont adressés à Dieu de tout leur cœur dès 1873, ils ont crié à Dieu de la terre étrangère, la Hollande, leur dernière patrie d'adoption ; de cette terre qui possède, et garde en honneur les restes mortels de leur père vénéré, Louis XVII, mort en 1845. Et déjà Dieu a eu pitié d'eux.

S'ils n'ont pas obtenu de la justice française la reconnaissance de leur nom et de leur nationalité, si tant d'écrivains ont pu et peuvent encore, comme à plaisir, les traiter d'imposteurs et leur donner avec mépris le nom qui leur a été imposé, mais qui, suivant les vues de la Providence, devait être leur sauvegarde, du moins ils ont pu pénétrer en France sous la tutelle de cette aînée qui a épousé dans ce but un Français ; ils ont pu dès lors faire connaître leur histoire douloureuse, se soumettre à la foi catholique délaissée, mettre le Sacré Cœur dans leurs armes, renouveler solennellement à Montmartre, sur l'autel du Sacré Cœur, le vœu de leur aïeul, Louis XVI ; leur aîné actuel a pu se marier en France sous son véritable nom de Prince Jean de Bourbon et être inscrit dans son acte de mariage avec son état civil véritable ; le plus jeune, le prince Louis, qui a vaillamment combattu dans la légion étrangère au Tonkin et au Maroc, a pu être finalement médaillé sous son nom de sergent de Bourbon.

Ils ont trouvé enfin, depuis leur arrivée en France, un peu dans tous les camps, des dévouements et des soutiens chez les personnes non prévenues, et notamment chez de bons catholiques qui avaient soif de cette justice immanente, qui est la justice de Dieu.

Grâce à un nombreux concours, la vie et l'histoire de leur grand-père que les puissants s'étaient attachés à embrouiller de tant de mystères, s'épanouissent au grand jour, au milieu de révélations et de preuves en nombre incalculable (¹).

Dieu n'est donc pas resté sourd aux prières des fils de Juda, pas plus qu'aux cris douloureux de ses saints Pontifes. Aux uns et aux autres, il a accordé ses faveurs. Mais, en même temps, il dut exercer les vengeances de sa colère contre les méchants et les Franc-Maçons dont l'audace et la haine ont grandi à mesure qu'ils se sont emparé du pouvoir.

Le prophète avait dit en style parabolique en faisant

---

(1) Voir : *La branche aînée des Bourbons. — La survivance du Roi-Martyr. — Le Roi de France. — Appel à la Conscience publique. — Louis XVII, plaidoirie de Jules Favre. — Fleur de lys. — La question Louis XVII. — Un arrêt sans valeur. — La princesse Amélie de Bourbon. — La « Légitimité », Revue historique mensuelle depuis 28 ans. — Le dernier roi légitime de France.*

allusion à la révolution populaire et franc-maçonne de 1830 : « Dieu est sourd par le bruit de ses flèches qu'il « retrempe en son ire, pour bientôt les mettre au sein « des mauvais. »

Pour notre époque, au contraire, il dit : « quel feu va « avec ses flèches !... » En effet, depuis la chute de l'Empire, Dieu se sert de ses flèches retrempées dans sa colère et celles-ci frappent les mauvais comme d'un feu destructeur.

Elles atteignent les familles qui ont régné sur la France : Napoléon III meurt captif et déchu, le prince impérial son fils, trouve la mort sans gloire dans les savanes du Zoulouland ; le comte de Chambord qui, pendant de longues années, a maintenu par sa présence l'idée et le parti légitimiste, succombe à Frosdorff, lieu de son exil volontaire, sans laisser d'enfants et sans léguer à la France.un successeur.

Le comte de Paris meurt prématurément en 1894, sans avoir pu assurer l'avenir des siens.

Ces flèches frappent aussi les hommes politiques qui se succèdent au pouvoir exécutif :

Thiers, chef de ce pouvoir, puis, en 1871, président de la République, est renversé le 24 mai 1873, il cherche en vain à revenir à la Présidence : au moment où il croit y parvenir, il meurt subitement à Saint-Germain-en-Lay pendant une cérémonie publique à laquelle il prenait part, le 3 septembre 1877.

Le Maréchal de Mac-Mahon, bon et vaillant soldat, qui a succédé à Thiers, en 1873, est obligé de quitter la présidence de la République en 1879, malgré tous les efforts qu'il fait pour s'y maintenir. Pendant le procès d'appel d'une partie des fils de Louis XVII, contre le comte de Chambord en restitution de leur nom et de leur héritage, il avait fait retirer des vitrines des négociants de Paris les portraits de la famille et détourné la justice de son devoir; celle-ci a donné gain de cause à Chambord quoiqu'il ait fait défaut.

De tels actes ne pouvaient être agréables à Dieu et Mac-Mahon est mort en 1893 au milieu d'une indifférence relative.

L'avocat, Jules Grévy, qui remplace le maréchal en 1879, et reste à la présidence jusqu'en 1887, est chassé du pouvoir après avoir commencé la persécution contre l'Eglise ; il avait suivi son gendre Wilson dans ses prévarications. Il est mort dans l'opprobre et l'oubli, à Mont-sous-Vaudrey, son pays natal, en 1891.

Tous ces coups des flèches de Dieu sur nos gouvernants n'ont pas assagi leurs successeurs : ils multiplient, au contraire, les persécutions contre l'Église de France.

Sadi-Carnot, successeur de Grévy, a « nourri la colère de Dieu » en signant et promulguant la loi militaire du 15 juillet 1889, loi qui oblige les jeunes abbés, les prêtres, les moines et les religieux de toutes sortes à faire un an de service à la caserne ; il tombe assassiné, 60 lunes après, pendant l'Exposition de Lyon, le 24 juin 1894, au lendemain de la 60eme lune et, chose extraordinaire, cent ans après les massacres que son grand-père avait ordonnés dans cette ville.

M. Casimir Périer, choisi pour lui succéder, le 27 juin, ne peut se résoudre à signer les lois contre les religieux, et il démissionne, le 15 janvier 1895.

Félix Faure qui vient après, le 17 janvier, signe des deux mains les lois liberticides contre l'Église et il est ignominieusement tué le 15 février 1899, en pleine jouissance, en un lieu et d'une telle façon que ses ministres n'ont pas osé le révéler au public.

M. Emile Loubet est désigné trois jours après, le 18 ; il est président de la République pendant les sept années de son septennat, mais il n'ose pas affronter de nouveaux suffrages pour ne pas subir la honte d'un échec.

Dieu ne pouvait lui laisser l'honneur d'une réélection. C'est, en effet, pendant sa présidence, que Waldeck-Rousseau fait voter les lois d'associations qui furent une arme satanique entre les mains de M. Combes ; c'est pendant sa présidence, en 1904, que ce dernier fait voter une loi en vue d'accorder l'autorisation aux congrégations et celle-là fut une heure terrible pour le plus grand nombre d'entr'elles; c'est encore sous sa présidence que M. Combes fait voter le 21 mars 1905, la nouvelle loi militaire dite de deux ans qui aggrave considérablement la durée du service des clercs et des novices des ordres religieux pour les détourner absolument du sacerdoce ; c'est sous sa présidence enfin, le 9 décembre 1905, que fut promulguée la loi de séparation des Eglises et de l'Etat, œuvre de haine proposée par M. Combes et exécutée par M. Briand.

M. Emile Loubet vit sous le poids de ses crimes contre l'Eglise, la flèche du Seigneur l'a frappé dans son ambition. Qui peut no us dire quelle sera sa fin !

M. Arman d Fallières a été nommé, le 17 janvier 1906; il laisse ses ministres continuer l'œuvre de ses prédéces. seurs contre l'Eglise. Sa vie n'appartient pas encore à l'histoire.

Les flèches du Seigneur frappent aussi les ministres et les hommes publics d'une façon évidente, et sans leur laisser le temps ou le moyen de se réconcilier avec Dieu ; en donner une liste complète serait un grand travail.

Je citerai seulement Gambetta, l'inventeur du « Cléricalisme, voilà l'ennemi » cri de guerre qui a servi et sert parfois encore contre l'Eglise et ses fidèles, tué ignominieusement aux Jardies, en 1882.— Paul Bert, le père de la lutte contre l'enseignement congréganiste, sous la formule trompeuse de l'instruction « gratuite, obligatoire et laïque » mort de la dysenterie à Hanoï, en 1886.—Jules Ferry, son complice contre l'instruction religieuse, mort subitement en 1893, à la veille du jour où il pensait arriver au pouvoir. — Waldeck-Rousseau frappé à la langue d'une lésion mortelle, après un fameux discours contre les associations en 1904. — M. Emile Combes tombé du pouvoir, au moment où il va obtenir le vote de la loi de séparation des Eglises et de l'Etat qui a été le principal objet de ses rêves ; il voulait écraser l'Eglise catholique par la pauvreté du clergé et le vol des églises ; Dieu l'a déjoué, il ne peut se relever de sa chute malgré tous ses efforts et toutes ses combinaisons ;

Quelle fin lui est réservée ?

Et combien d'autres enfin ont subi ou subissent successivement un sort analogue !

Les flèches n'ont pas épargné davantage la vie de la nation depuis 35 ans. Des difficultés, des écœurements sans nombre n'ont pas cessé de l'émouvoir.

La lutte fantastique contre les Kroumirs, pour arriver en Tunisie sans guerre et sans gloire comme sans grand profit ; les combats contre les bandes africaines de Bou Amena ; la prise du Tonkin et l'affaire de Langson ; les difficultés, le krach et les vols du Panama ; les affaires Boulanger et la Ligue des patriotes ; le succès, puis la honte de Fachoda ; les affaires Humbert, Steinhel ; les luttes sans profit avec les Marocains, sous la surveillance de l'Allemagne ; les actes des liquidateurs, ceux des fraudeurs de toutes sortes, les grèves parfois très graves, aux divers points du territoire, etc., etc., enfin, par dessus tout, l'affaire Dreyfus qui a divisé la France et son armée (1).

Etc., etc...

Les flèches frappent aussi la nation dans sa richesse :

Les produits de la terre subissent de véritables fléaux ; la vigne est atteinte successivement de l'oïdium, du phylloxera, du mildiou, de la pyrale, de la cochylis, du pourridié, etc.

Les pommes de terre, les blés, les pois, les lentilles, et d'autres denrées, les fruits des arbres ne sont pas épargnés, tantôt dans une année, tantôt dans une autre.

---

(1) Le frère Hermann de Lehninn faisant l'histoire prophétique de l'Allemagne livrée au protestantisme dit à ce propos (verset 94) après l'établissement de l'Empire : *Israël nefandum scelus audie morte piandum.*

De grandes sécheresses, ou de grandes inondations, des gelées de printemps ou de grandes gelées d'hiver, des orages, des tempêtes détruisent ou compromettent gravement les récoltes.

Des tremblements de terre réduisent des villes et engloutissent les fortunes ; des catastrophes maritimes et aériennes brisent des espérances.

La surabondance des vins, des blés, et autres graines est, elle-même, à certaines heures, une cause de ruine par la mévente ou par l'avilissement des prix ; les producteurs sont aux abois, les propriétaires voient leurs terres friches ou ne leur rapportant presque plus rien.

A cela il faut ajouter les krachs financiers de toutes sortes qui détruisent les épargnes ; les lois sectaires qui effraient et font partir à l'étranger les richesses particulières, qui laissent de vastes couvents improductifs tandis que leur personnel, etc., enrichit les étrangers.

Les flèches frappent aussi la nation dans sa santé. Je citerai particulièrement les graves conséquences de l'influenza, de la tuberculose, des infections pulmonaires ; les morts subites, naturelles ou accidentelles ; les folies dont le nombre s'est largement accru, etc., etc., qui jettent tant de familles dans la douleur.

La stérilité de nombreux ménages, les séparations, les divorces, les mésalliances, le nombre grandissant des faux ménages qui sont aussi une malédiction de Dieu et dont la conséquence est le peu d'accroissement de la population.

Tant de malheurs de toutes sortes ne convertissent pas les hommes ; l'esprit toujours plus éloigné de Dieu par l'instruction et l'éducation, par l'influence puissante et travailleuse de la Franc-Maçonnerie, par la philosophie athée ou indifférente qu'une mauvaise presse répand à profusion parmi les populations, n'a plus foi en la Providence ; il se satisfait dans un égoïsme coupable et s'émeut à peine quand il voit la démolition, la désaffectation d'une église, le vol des biens ecclésiastiques, celui des donations, la fermeture des écoles catholiques, la suppression préméditée de tout enseignement, en dehors de l'Etat; il ne sent pas que cet Etat n'est pas seulement un pouvoir mais aussi l'ouvrier de Satan, l'ennemi acharné contre Dieu et son Eglise.

Et les catholiques en général ont-ils crié à Dieu comme les Souverains Pontifes et comme les fils de Juda ? Mais non. Sans cela Dieu aurait abrégé les jours de nos malheurs. On ne leur a pas montré et ils n'ont pas compris que le fouet du Seigneur les frappait non moins que les méchants pour obtenir leurs prières et leur sanctification. Ils n'ont pas prêté l'oreille aux avertissements prophétiques de tant de saints qui les suppliaient de se convertir. Ils n'ont pas compris que ces fléaux, dont ils ont souffert comme les autres, étaient de véritables plaies d'Egypte pour leur ouvrir les yeux et les appeler à la pénitence. Ils ont laissé passer presque sans s'émouvoir les exactions, les spoliations, les saisies des biens des couvents parce que leurs bourses ne paraissaient pas en danger, parce qu'ils ont cru ce qu'on leur répétait partout que les couvents accaparaient pour jouir et qu'ils étaient fort riches. Ils ont laissé expulser les religieux et les religieuses et fermer tant de maisons où leurs enfants recevaient l'instruction et l'éducation chrétiennes sans penser qu'ils pourraient en être les premières victimes. Ils ont accepté sans frayeur la loi du divorce ne songeant pas qu'ils pourraient en souffrir dans leur famille et en gémir. Ils n'ont pas trouvé trop mauvais que les églises deviennent propriétés communales parce qu'ils n'ont pas compris que ces églises, leur mobilier, leurs fondations et les presbytères pourraient d'un mot servir à tous autres usages que le leur et les obliger à supporter eux seuls tous les frais du culte. Ils ont laissé voter sans se plaindre la loi du repos hebdomadaire, ne réfléchissant pas que les ennemis de la religion s'efforceraient de remplacer le repos dominical par un repos quelconque pour empêcher la fréquentation des églises et les instructions de la chaire chrétienne. Ils ont presque accueilli de bonne grâce cette loi trompeuse de l'enseignement gratuit, obligatoire et laïque, parce qu'ils n'ont pas prévu que la gratuité entraînait la fourniture de livres et d'images contre Dieu, que l'obligation, bientôt suivie de la fermeture des écoles religieuses, assurerait une large propagande de mauvais livres, que la laïcité enfin donnerait pour règle aux maîtres des enfants de supprimer toute idée de Dieu et de prières.

Ils ne se sont pas insurgés contre la loi militaire de 1889 qui retirait aux membres du clergé régulier et séculier l'exemption du service militaire, parce qu'ils n'ont vu là que la fin d'un privilège ; parce qu'ils n'ont pas saisi que cette loi arrêterait bien des vocations religieuses et jetterait le plus grand trouble dans l'Eglise. Ils n'ont vu encore qu'une règle égalitaire dans la nouvelle loi militaire du 21 mars 1905 qui supprime toute dispense en réduisant la durée du service à deux ans pour tout le monde. Ils n'ont pas senti que deux années de caserne, à l'âge où les jeunes gens choisissent une carrière, diminueraient encore le nombre et la constance des vocations religieuses ; que bien des paroisses manqueraient de prêtre, soit pour longtemps, soit pendant les appels de chaque année ; qu'en temps de guerre si, du moins les pauvres blessés trouveront des consolations dans leurs camarades, prêtres dans le rang, beaucoup de ceux-ci perdront la vie, et les paroisses manqueront des secours de la religion (1). Ils n'ont pas jugé enfin que la loi de séparation des Eglises et de l'Etat ouvrirait la porte à toutes les turpitudes contre le clergé et l'Eglise ; qu'elle leur imposerait l'obligation de nourrir ou d'éloigner leurs prêtres ; qu'elle empêcherait aussi bien les vocations religieuses et ecclésiastiques par la crainte de la

______

(1) On trouve l'image de la situation réduite du clergé après une guerre, dans cette appellation que Saint-Malachie donne dans sa prophétie des Papes ou successeur de Pie X : « la religion dépeuplée, *religio depopulata.* »

pauvreté, qu'elle faciliterait les accusations, les poursuites contre les prêtres et les sœurs sans appui de l'autorité, ni de la justice, et réduits à l'encouragement moral de leurs supérieurs, de leurs conseils et des bons chrétiens.

Beaucoup n'ont pas compris enfin qu'en demandant par orgueil ou par ambition des faveurs et des rubans à l'autorité, ils s'en faisaient les esclaves, les soutiens voulus ou non et les propagateurs de leur haine religieuse.

En résumé, je le répète avec douleur, les catholiques ont subi depuis trente-cinq ans bientôt, depuis l'époque où l'Assemblée nationale a laissé place à la Constitution de 1875, les plus grandes souffrances et les plus grandes pertes, sans reconnaître que Dieu les frappait pour les convertir ; ils ont laissé passer dans la plus grande indifférence les lois liberticides et antireligieuses que la Franc-Maçonnerie, sous l'inspiration de Satan, forgeait contre eux ; ils n'ont pas crié grâce au Seigneur, leur Dieu, pour qu'il ait pitié d'eux, qu'il abrège et diminue la durée et la violence des châtiments prédits par tant de saints et par Marie à la Salette, et voici que l'heure approche où Dieu va donner libre cours à sa colère. Peut-être alors ils ouvriront les yeux de la foi, ils comprendront que Dieu n'a pas menacé en vain et ils se convertiront.

Mais, à ce moment, quelle terrible douleur et quels épouvantables malheurs n'auront-ils pas éprouvés !

« Dix fois six lunes » dit le prophète « et puis ou pas « encore six fois dix lunes ont nourri sa colère (de Dieu) »

J'ai dit plus haut que les 10 fois 6 lunes formaient une période commencée à la promulgation de la loi militaire du 15 juillet 1889 ; c'est que cette loi nourrit la colère de Dieu, en faisant passer chaque année à la caserne les étudiants ecclésiastiques et les prêtres que leur âge ne met pas encore à l'abri de toute période militaire, c'est que cette loi trouble les services religieux, ruine et empêche bien des vocations.

Sadi-Carnot, qui a signé et promulgué cette loi, a subi, je le répète, un châtiment personnel ; il a été assassiné à Lyon le 24 juin 1894, après la soixantième lune.

La seconde période de soixante lunes comprise dans l'expression 6 fois 10 lunes n'est pas réalisée encore en son entier à la date où je trace ces lignes, juin 1910, et son interprétation peut être entachée d'erreur pour deux motifs : 1° la plupart des auteurs disent *puis* 6 fois 10 lunes, et d'autres écrivent *pas* 6 fois 10 lunes ; 2° les évènements qui peuvent exciter ou nourrir la colère de Dieu sont deux lois très graves contre l'Eglise de France : la nouvelle loi militaire qui reproduit en l'aggravant considérablement la loi précédente de 1889, puisqu'elle exige même du clergé deux années de service consécutif ; la loi de séparation des Eglises et de l'Etat, qui laisse le clergé dans la ruine, lui vole ses ressources et ses presbytères.

Je penche pour les conséquences de la loi militaire parce que c'est évidemment à la loi militaire de 1889 que se rapportent les 60 premières lunes.

Or, si l'on compte 6 fois 10 lunes depuis la promulgation de la loi du 21 mars 1905, on arrive au 11 janvier 1910 qui est la 60eme lune. Avec *puis* 6 fois 10 lunes, le grand châtiment devrait se produire entre le 11 janvier 1910 et le 3 novembre 1910 qui ferait 7 fois 10 lunes.

Si, au contraire, on prend le point de départ des 60 lunes au 9 décembre 1905 qui est la date de la promulgation de la loi de séparation, on arrive à la 60eme lune le 3 octobre 1910 ; cet été, il n'y aurait *pas* 6 fois dix lunes et 10 lunes après, donnent la fin de juillet 1911. Dieu ne m'a pas donné la mission de trancher cette difficulté ni de révéler ses secrets.

Quoiqu'il en soit de l'une ou de l'autre supputation, voici en quels termes le prophète parle de la vengeance de Dieu :

« *Malheur à toi, grande ville !...* (¹) Voici venir des rois
« armés par le Seigneur ; mais déjà le feu t'a égalée à la
« terre ; pourtant les justes ne périront pas, Dieu les a
« écoutés. La Place du Crime est purgée par le feu, le
« Grand Ruisseau a éconduit, toutes rouges de sang, ses
« eaux à la mer, et la Gaule, vue comme décabrée, va
« se rejoindre. Dieu aime la paix ; venez, jeune Prince,
« quittez l'Isle de la Captivité. Oyez. Joignez le Lion à
« la Fleur-Blanche, venez. »

Oui, malheur à toi, grande ville ! malheur à toi, foyer
de corruption ! Paris est le centre révolutionnaire, le
refuge du mal, qui sous la conduite d'un gouvernement
athée et franc-maçon, veut conduire la France entière et
gagner l'univers à ses idées de destruction de toute
autorité publique et religieuse. Paris a multiplié les
enterrements civils et assuré l'instruction sans Dieu ; il
s'est emparé de l'église Sainte-Geneviève pour y honorer
les restes des pires ennemis de Dieu ; il a élevé, pour
satisfaire son orgueil, une nouvelle tour de Babel, ni plus
importante, ni plus utile que celle des temps anciens, assez
haute pour qu'elle domine le temple du Sacré-Cœur de
Montmartre et, pour jeter en quelque sorte la puissance de
l'homme en défi à celle du Très-Haut.

Paris est cette Babylone moderne, comme l'appelle le
bienheureux Holzhauzer dans son interprétation fort
remarquable de l'Apocalypse de saint Jean, qui mérite
les châtiments de Dieu.

Une puissante coalition s'est formée entre les grandes
nations monarchiques de l'Est de l'Europe ; elle veut

---

(1) D'après le père Nechtou, l'Angleterre *commencerait à s'ébranler*
avant ces malheurs. Ce signe sera aussi certain, dit-il, que l'annonce
de l'été par le bourgeonnement du figuier. Quel sera cet ébranle-
ment ? sera-ce la révolution, dont les dernières luttes d'avril
semblent le présage ?

Ces grands malheurs, dit un autre, viendront entre moissons
et vendanges. D'autres disent : tout le monde partira, les femmes
commenceront les vendanges ; ou encore : le nombre des vrais
légitimistes sera si petit qu'on les comptera.

détruire le foyer menaçant du socialisme, dont la puissance grandit chez elles ; mais quand ses armées arrivent sous les murs de Paris, le feu des révolutionnaires a déjà détruit presque toute la ville (1). Dieu a cependant protégé visiblement une grande partie de ses fidèles, qui se sont jetés à ses pieds pour lui demander pardon. Au milieu de cette épouvantable guerre civile, dont la Commune de Paris n'a été qu'une faible image, un feu terrible fait son œuvre de destruction et le sang des combattants acharnés inonde le sol des rues et colore les eaux de la Seine jusqu'à la mer. Le triomphe reste aux bons, non seulement à Paris, mais sur les champs de bataille de la France.

Dieu a prévenu les bons par son prophète afin qu'ils ne se découragent pas : les uns resteront maîtres de Paris, tandis que les armées vaincues mais reformées (2) sous l'autorité d'un gouvernement provisoire, prévu dès 1875 dans la loi de Tréveneuc, reprendront l'offensive avec courage et avec succès, parce qu'elles auront Dieu avec elles, comme les anciennes armées de Jeanne d'Arc.

Alors la France si humble, si affaissée que, depuis 1871 surtout, elle reçoit toutes les injures sans relever le gant, ce que le prophète dit : « La Gaule, vue comme décabrée » c'est-à-dire, ayant perdu l'énergie et la fierté du cheval

---

(1) D'autres prophètes, notamment Marie des Brotteaux, morte en odeur de sainteté, montrent qu'en apprenant l'invasion subite des armées sur le sol français sans que le gouvernement l'ait fait connaître à l'avance, les anarchistes de Paris renverseront le gouvernement et se livreront à une épouvantable lutte fratricide qui sera l'image de la fin des temps.

(2) Le saint Curé d'Ars dit, en parlant de cette douloureuse époque : les ennemis détruiront tout sur leur passage. Incapables de leur résister, les Français les laisseront s'avancer, puis ils leur couperont les vivres et leur feront subir de grandes pertes. On les accompagnera vers leur pays, il n'y en aura guère qui y rentreront. On leur reprendra tout ce qu'ils ont enlevé et au delà. Cette fois, on se battra de tout de bon.

D'autres prophètes disent que l'armée ennemie vaincue tiendrait sous un chêne vers Malmédy et que les Russes n'arriveraient que jusqu'au Rhin, etc.

qui se cabre sous le fouet, « va se rejoindre. » Elle va se rassembler et reprendre énergie comme le bon coursier, elle ne va plus former qu'un parti fier et puissant. La paix sociale, paix des âmes et paix des cœurs va régner en France parce que Dieu l'aime et que les méchants ont péri ou sont convertis. Un prince va venir qui lui assurera cette paix.

Le prophète qui a signalé les supplications des fils de Juda, rappelle avec ardeur un jeune prince, un de ces fils. Les flèches ont frappé ses ennemis, la France a subi les châtiments qu'elle méritait ; Dieu veut que son peuple jouisse de la paix et c'est au jeune prince qu'il s'est réservé, qu'il veut confier la mission de restaurer le trône de ses ancêtres, enfin pardonnés. Qu'il quitte l'île de la captivité, l'Afrique sans doute (où les Juifs ont vécu en servitude). Qu'il écoute les voix qui l'appellent. Qu'il s'unisse intimement au Pape, qu'il fasse alliance entre les deux blasons, le Lion de Venise qui surmonte les armes du Saint Père, Pie X, et la fleur de lys qui est l'emblème de ses ancêtres, puis qu'il vienne (1).

« Ce qui est prévu, Dieu le veut, le vieux sang des « siècles terminera encore de longues divisions. »

Le retour d'un descendant direct des Bourbons après leur suppression politique d'un siècle, après tant d'efforts pour cacher même leur existence sous des noms imposés, parait tellement inacceptable que Dieu fait dire par son

---

(1) Louis XVII est encore représenté à cette époque, juin 1910, par six petits-fils, enfants des princes Edmond et Adalbert de Bourbon.

Marie des Brotteaux, dit, en résumé, qu'il a été miraculeux que les Bourbons rentrassent en France avant et après les cent jours, mais qu'un miracle beaucoup plus grand étonnera tout l'univers en mettant fin à la révolution :

« Un bras de fer surgira miraculeusement, armé d'une grande « puissance pour venger les outrages faits à Dieu et à la royauté, « dont les membres survivants doivent tous reparaître sur le sol de « la patrie après le grand évènement. Il n'y aura plus alors ni haine « ni rancune. » Certains prophètes figurent ce bras de fer mais ne le désignent pas nominativement.

prophète que si « Le vieux sang des siècles terminera encore de longues divisions » c'est qu'il l'a ainsi prévu, qu'il le veut (1).

Ainsi Joas, enfant royal, recueilli et élevé en secret après avoir été sauvé par miracle des mains des assassins de sa famille, est, un jour, remonté sur le trône de Juda.

« Lors, un seul Pasteur sera vu dans la Celte-Gaule. »

L'union du Pape et du Roi assure le triomphe du premier. Les décisions du Concile œcuménique ayant proclamé le dogme de l'infaillibilité, la loi de séparation dont j'ai parlé, ayant supprimé l'action de l'Etat sur le clergé, le gallicanisme renversé, faute de soutien, assurent l'unité complète du clergé de France. Toute division cesse ; le troupeau des fidèles et ses bergers se sont rapprochés de plus en plus de leur saint Pontife ; ils l'écoutent et ils suivent ses enseignements ; le Pape devient le seul pasteur de la France ; il conduit et éclaire la marche de son clergé et de ses ouailles. Le roi lui-même, soumis à Dieu et à son Eglise, pourra être considéré aussi comme le bon pasteur.

« L'homme puissant par Dieu s'assoyera bien. Moults
« sages règlements appelleront la paix. Dieu sera cru
« guerroyer avec lui tant prudent et sage sera le rejeton
« de la Cap. »

Ce prince (2), à qui Dieu donne la puissance, le prophète se plaît à chanter sa gloire ; il montre aussi les grandes grâces accordées pendant ce temps de bénédiction à l'E-glise, à l'Europe et au monde.

Son héros s'assied bien, c'est-à-dire qu'il a bien choisi sa voie ; le siège qu'il s'est fait est large, commode et so-lide ; personne ne lui en dispute la place, personne ne

---

(1) Sœur Marianne de Blois dit qu'alors on chantera un *Te Deum* comme on n'en aura jamais chanté.

(2) C'est le Grand Monarque dont le bienheureux Holzhauzer fait l'union avec le Grand Pape au sixième âge de l'Eglise dans son interprétation fort remarquable de l'Apocalypse de saint Jean.

cherche à l'ébranler. Il n'en a pas été de même du roi du peuple ; il n'en a pas été de même d'aucun chef de l'Etat depuis près d'un siècle. Ses règlements et ses lois sont dictés par une saine justice, celle du Très-Haut, et sont conformes aux instructions de l'Evangile et du Saint-Père ; ils ramènent la paix et la concorde entre les individus et les familles. Ses luttes avec l'étranger ont aussi pour mobile et pour guide la justice et l'honneur véritables, c'est pourquoi, il est *prudent* et *sage* dans la conduite de ses armées. *Dieu sera cru guerroyer avec lui.*

« Grâce au Père de la Miséricorde !... La Sainte Sion
« rechante dans ses temples un seul Dieu grand. Moults
« brebis égarées s'en viennent boire au vrai ruisseau
« vif. Trois Princes et Rois mettent bas le manteau de
« l'erreur et oyent clair en la foi de Dieu. »

Grâces soient rendues au Père céleste pour ce temps béni (1). Il a eu pitié de la France et du genre humain coupables. La Sainte Sion, Jérusalem, ou symboliquement l'ancienne Eglise catholique voient rouvrir leurs temples, depuis si longtemps aux mains des Turcs, des schismatiques et des hérétiques, tant de belles cathédrales, et y chanter un seul Dieu grand.

Beaucoup de brebis égarées, chrétiens infidèles, libres-penseurs échappés à la mort, hérétiques et schismatiques, reviennent boire à la vraie source de vie, elles viennent se désaltérer dans le cœur et le sang de Notre-Seigneur.

Trois princes et rois ouvriront eux-mêmes les yeux à la vérité et donneront l'exemple ; ils verront clair en la foi catholique et se convertiront. Sans doute les rois de Prusse, de Suède et de Russie.

« En ce temps là, un grand peuple de la mer reprendra
« vraie croyance en deux tierces-parts. »

A cette époque, les Iles Britanniques elles-même revien-

---

(1) Suivant le secret de la Salette ce temps aurait une durée de 25 ans.

nent à la vraie croyance, elles se soumettent à la seule autorité légitime de Dieu sur la terre, au Pape, seul chef de l'Eglise ; les deux tiers non catholiques, l'Angleterre et l'Ecosse, se convertissent.

Le prophète termine ici ses accents de triomphe ; il a chanté son prince, l'élu de Dieu qui devait rendre à la France le culte de la justice et de la vérité qu'elle avait méconnu depuis tant d'années. Il ne condamne pas son séjour sur le trône comme celui de ses prédécesseurs par la phrase sentencieuse : Dieu seul est grand ! C'est que ce roi a béni son Dieu et servi sa toute-puissance.

« Dieu est encore béni pendant 14 fois 6 lunes « et 6 fois 13 lunes. »

Il s'agit sans doute de deux règnes nouveaux l'un de 6 ans 10 mois et l'autre de 6 ans 3 mois environ. Le mot *encore* semble indiquer que les hommes redeviennent mauvais, quoique cependant ils n'abandonnent pas pour la plupart le service de Dieu qui reste miséricordieux.

« Dieu est saoûl (fatigué) d'avoir baillé (donné) des « miséricordes, et ce pourtant (cependant) il veut, pour « les bons, prolonger la paix encore pendant 10 fois 12 « lunes. »

Le mal grandit toujours, tout ce qu'a fait Dieu pour la France est maintenant inutile : il ne peut maintenir son peuple dans sa voie. Depuis la création du monde l'homme de tous les pays et de tous les âges a péché ; il s'est révolté contre son Dieu ; il a abusé de ses miséricordes et de ses pardons ; il l'a fatigué par son insoumission et son ingratitude ; il mérite les châtiments éternels.

Pourtant Dieu a pitié des âmes qui lui sont fidèles et il leur accorde 9 années 3 mois 20 jours d'une paix relative sans grave persécution, pour qu'elles puissent aisément faire leur salut.

Mais tant de bonté, tant de bienfaits, tant de longani-mité ne suffisent pas pour retenir l'affection et la vertu des hommes ; aussi le prophète annonce de nouvelles douleurs pour les enfants de l'Eglise.

« Dieu seul est grand !... Les biens sont faits. Les « Saints vont souffrir. L'homme du mal arrivé de deux « sangs prend croissance. »

Donc, l'homme incorrigible abandonne de plus en plus les voies de Dieu. Le prophète le voit avec peine et il répète encore une fois sa réflexion, qui est aussi l'expression de sa douleur : oui, vraiment, oui, *Dieu seul est grand !* La persécution a fait suite à l'indifférence ; les œuvres des hommes sont inspirées par Satan qui cherche et gagne chaque jour plus d'adeptes pour détruire l'œuvre de Dieu et de son Eglise ; le prophète l'indique assez par ces mots : *les Saints vont souffrir.*

C'est à cette époque douloureuse que l'*homme du mal*, l'Antechrist, ainsi appelé par opposition avec l'Homme-Dieu, le Christ, le Sauveur ou l'homme du bien, né d'une mésalliance de deux sangs, le sang juif et le sang chrétien (1) (juif et gentil) prend croissance. Il grandit au milieu de phénomènes miraculeux qui éveillent sur lui l'attention des peuples et lui attirent chaque jour de nouveaux adhérents, persécuteurs des chrétiens.

« La Fleur-Blanche s'obscurcit pendant 10 fois 6 lunes » « 4 ans, 10 mois, 5 jours) « et 6 fois 20 lunes » 9 ans, « 8 mois, 20 jours), en tout (14 ans, 6 mois, 15 jours). »

Les deux règnes qui suivent ceux cités plus haut, sont peu méritoires pour l'œuvre de Dieu et peu glorieux : la conduite et la vertu des deux rois qui occupent le trône, l'un pendant près de 5 ans et l'autre pendant près de 10, sont peu agréables à Dieu et le prophète le déclare sous cette forme : *la Fleur-Blanche s'obscurcit.* Elle perd sa force en perdant son intelligence et sa vertu.

« Moult de mal, guère de bien seront en ce temps-là. « Moult grandes villes périssent par le feu.

(1) Voir le secret de la Salette.

Les luttes intestines favorisées par la faiblesse des rois et la puissance croissante des anarchistes et des athées francs-maçons, guidés par les principes de l'Antechrist, se multiplient partout et amènent la destruction de grandes villes par le feu.

« Sus donc, Israël vient à Dieu-Christ tout de bon.

Enfin, les Israélites qui, ai-je dit, ont commencé à se convertir au moment du triomphe de l'Eglise puisque la Sainte Sion a ouvert alors ses temples au vrai Seigneur, se convertissent en masse au véritable Messie, que le faux Messie, l'Antechrist, ne saurait égaler. Ils reconnaissent alors que les doctrines sataniques de ce dernier ne ressemblent en rien à celles du vrai Christ et ils avouent humblement les erreurs de leurs ancêtres en faisant pénitence.

« Sectes maudites et sectes fidèles sont en deux parties bien marquées. »

Des associations puissantes se sont en même temps formées contre Dieu et son Eglise, sous la bannière de l'Antechrist ; très nombreux sont ceux qui l'admirent et approuvent ses théories révolutionnaires et criminelles ; les fidèles, pour se défendre, se groupent aussi de leur mieux et le pays qui n'a plus d'indifférents, se trouve séparé entre ces deux partis, les méchants et les bons.

« Mais c'est fait !... Lors Dieu seul sera cru. Et la « tierce-part des Gaules et encore la tierce-part et demie « n'a plus de croyance, comme aussi tout de même les « autres gents. »

Mais c'en est fait : le règne de la Fleur-Blanche a perdu son soutien, Dieu l'a abandonné, sans doute pour le peuple d'Israël converti et rétabli en Judée. Le monde se divise en croyants et en incroyants car Dieu seul sera l'objet des luttes. Les deux tiers et demi de la France et des gentils ou des nations en général se sont livrées à l'athéisme parce qu'en présence du mal et des fléaux dont

Dieu châtie le monde, ils ne peuvent plus croire à sa miséricorde, ni même à son existence.

« Et voilà déjà 6 fois 3 lunes (un an et 5 mois et « demi) et 4 fois 5 lunes (un an et 7 mois et demi, soit « en tout 3 ans et 27 jours environ) que tout se sépare. « Et le siècle de fin a commencé. »

Voilà déjà qu'il s'est écoulé, un an et demi environ d'un mauvais régime qui a succédé à la Fleur-Blanche, puis un peu plus d'un an et demi que, sous une nouvelle autorité, tout se sépare en ces deux camps, les croyants et les incroyants ; et, dit le prophète, on est dans le siècle de la fin du monde.

« Après un nombre non plein de lunes, Dieu combat « par ses deux Justes, et l'homme du mal a le dessus. »

Dans le cours de la prophétie d'Orval, son auteur parle d'un nombre non plein de lunes pour désigner moins du cycle lunaire qui comprend 19 années de notre supputation.

Faut-il comprendre et supputer ce nombre non plein de lunes après la dernière période donnée, ou faudrait-il seulement s'en tenir à cinq années lunaires qui constituent un lustre ?

Je n'ai pas à conclure d'une façon absolue, parce que je n'ai pas reçu de Dieu la mission de découvrir et de dévoiler ses secrets, je le répète ; cependant, je peux bien dire que la première version est celle que je dois adopter, comme la plus vraisemblable.

C'est, il me semble, quand le mal dont l'Antechrist est l'instigateur aura pu gagner et grandir partout et faire mépriser Jésus-Christ ; quand l'Eglise aura dû quitter Rome ; quand Henoch et Elie, les deux justes que Dieu a réservés pour ces temps malheureux, afin d'arracher encore quelques âmes aux séductions de celui qui se fait appeler le Sauveur du monde, quand ils auront succombé par la haine des méchants, quand le nombre des justes sera si petit, que la Sainte

Vierge appellera au secours de l'Eglise les Apôtres des derniers temps (1), qu'arrivera la fin du monde.

Le temps de ces transformations et de ces luttes ne peut être court, non plus que la durée de l'Antechrist et il faut une période peu inférieure au nombre plein de lunes pour que l'Antechrist dont le prophète a annoncé les premières années, ait atteint plus de 30 ans, comme son Seigneur et maître Jésus-Christ, qu'il voudrait égaler.

« Mais c'est fait. Le Haut Dieu met un mur de feu qui « obscurcit mon entendement et je n'y vois plus.

« Qu'il soit béni, loué à jamais. *Amen.* »

Le moine cistercien ne donne pas l'image de la fin du monde ; il ne dit même pas que l'Antechrist voulant faire son ascension glorieuse pour singer le Christ qu'il a si âprement combattu, sera précipité par saint Michel avec les siens dans le goufre béant de l'Enfer. Il se borne à dire : c'est fait : le Haut Dieu met un mur de feu devant mes yeux, je n'y vois plus.

J'ai fini. — Le bon Dieu m'est témoin que si j'ai osé tracer ces lignes, je n'ai pas été mû par un sentiment d'orgueil, me flattant d'être plus habile que d'autres à comprendre le saint moine de l'abbaye d'Orval. Il sait que j'ai voulu seulement travailler à Sa gloire et montrer toute Sa bonté pour l'homme, Sa créature coupable, qu'il daigne rappeler à son devoir en lui prédisant les peines auxquelles elle s'expose. Il sait aussi que je me suis efforcé avec le secours de Sa grâce, de m'approcher autant que possible de la vérité.

Que le Très Haut daigne bénir l'œuvre de son indigne serviteur, afin que les révélations de ses saints soient vénérées comme elles le méritent et qu'elles servent à fortifier les fidèles dans leur foi. Alors ces fidèles suivront avec amour Pie X, notre Saint Pontife dans ses

____

(1) Voir le secret de la Salette.

instructions admirables de sagesse ; ils adoreront de tout leur cœur Notre Seigneur Jésus-Christ dans son divin cœur et dans le sacrement de son amour ; ils le recevront enfin chaque jour à la table sainte.

Maintenant que j'ai fini mon travail, je veux malgré mon indignité le terminer comme le prophète d'Orval :

Que Dieu soit béni, loué à jamais.

Amen.

H^{te} T.

En la fête du Cœur de Jésus, le 3 juin 1940.

APPENDICE

UN SIÈCLE DE RÉVOLUTION (1)

(1) Emblème tiré des œuvres de Joachim de Flore, mort en 1202.
Bibliothèque de Nancy : les prophéties de l'évêque Anselme et de Joachim de Flore, imprimées à Venise en 1646. Les prévisions en image qui font suite à celle-ci concernent une série de papes.

Le 14 juillet 1789, en plein jour, tandis que la lune en est arrivée à son premier quartier, la révolution débute par une violente révolte du peuple de Paris : la Bastille tombe au pouvoir de ce dernier et une armée populaire est constituée.

Tel est le premier pas de cette révolution à laquelle l'abbé Joachim ou plutôt l'Evêque Anselme donne par la gravure ci-dessus la durée d'un siècle ; tel est le premier acte criminel de cette longue tragédie d'un siècle que je donne ici à titre de curiosité ; telle est la première insulte au roi légitime de France, la première atteinte à son autorité qu'il tient de Dieu et du droit, le prélude de cette longue méconnaissance de la famille que Dieu s'était choisie pour régner sur la fille aînée de l'Eglise.

L'heure de cet événement est figurée par le soleil dardant ses rayons et la lune à son premier quartier. Ils occupent le haut d'un cercle divisé en huit rayons et à l'extrémité du premier.

Mais déjà le bras du Seigneur est levé sur la France ; Dieu va punir ce pays coupable qui se livre depuis long-temps à toutes les voluptés et à toutes les concupiscences, qui s'est laissé entraîner loin de Dieu et de sa justice par le siècle de Louis XV, de Voltaire et de tant d'autres philosophes ennemis de Dieu.

Le prophète désigne cette période du châtiment par un fouet à trois lanières parce qu'il doit frapper les trois ordres, en quelque sorte également dissolus, et aussi peu soucieux du service du Très-Haut : la noblesse, le clergé et le peuple. Il met à côté l'aigle, image de la force : c'est le blason de Napoléon Ier, cet homme, autre fouet du Seigneur, qui renverse les méchants et bouleverse toute l'Europe, jusqu'à ce qu'il succombe lui-même sous ses fautes.

Le deuxième rayon de la circonférence correspond au commencement de l'année 1802. Si, en effet, nous parta-geons les cent ans du siècle que représente la circonférence ci-dessus en huit parts égales, chacune des parts est de 12 ans et demi, et, si nous faisons commencer le siècle au 14 juillet 1789 la première période se termine au premier janvier 1802. Napoléon est déjà Consul depuis 2 ans et chef d'armées depuis longtemps.

Ce deuxième rayon semble ne répondre à aucune figure, et cependant, si on le prolonge, on atteint directement l'aigle napoléonien, qui était maître à cette heure. L'auteur ne pouvait fixer contre la circonférence tout ce qu'il voulait figurer pour cette époque, la place manquait, et il voulait montrer à la fois l'action violente de la révolution, le passage de Napoléon et les actions astucieuses et ténébreuses de Louis XVIII.

Le troisième rayon représente le milieu de l'année 1814. A ce point se trouve un oiseau de la forme d'un canard ; il porte un poignard dans le bec, il a, au-dessus de sa tête, une coupe d'où sort un aspic qui s'étend jusqu'au milieu de l'espace compris entre le premier et le second rayons ; il a sous sa poitrine trois étoiles, signe de la Franc-Maçonnerie ; il est attaché au rayon comme à une limonière. C'est lui qui traîne le siècle ; il a travaillé souterrainement à la lutte contre Louis XVI ; il a eu sa part dans le mouvement qui a commencé le 14 juillet 1789.

Cet animal représente évidemment Louis XVIII, pris comme traître (1). Il a trahi son frère Louis XVI en plusieurs circonstances, notamment pendant la fuite à Varennes. Il porte sur sa tête un aspic, signe de toutes les machinations et de toutes les ruses dont Louis XVIII s'est servi, contre son frère Louis XVI, dont la date de la mort est marquée sur le cercle par le point où se trouve l'extrémité de l'aspic, et contre toute la famille royale y compris Louis XVII, son neveu. Les deux

____

(1) On disait autrefois, au figuré et en termes familiers, d'un homme bien placé pour faire tomber dans le piège ceux qui se fient à lui : c'est un *canard* privé.

autres couronnes que porte l'aspic représentent Marie-
Antoinette et Mme Elisabeth toutes deux mortes aussi
sur l'échafaud.

Le glaive qu'il porte au bec est le poignard dont il a
armé (1) le bras de Louvel pour frapper le duc de Berry,
trop favorable à son neveu éloigné et volontairement
méconnu.

Les trois étoiles, signe de la Franc-Maçonnerie, sous la
poitrine de l'animal, indiquent les sentiments sceptiques
et antireligieux de Louis XVIII : elles montrent la
faveur qu'il accordait aux franc-maçons et les concessions perpétuelles qu'il leur fit.

Cette figure qui a trait à Louis XVIII occupe une
grande étendue de la circonférence parce que le roi
qu'elle représente est resté longtemps à la tête de la
France royaliste, soit comme régent, après la mort de
Louis XVI, soit, plus tard, après la sortie du Temple
de Louis XVII qu'un faux acte de l'état civil fait mourir
dans sa prison, comme roi.

Le quatrième rayon correspond au commencement de
l'année 1827. En face, se trouve un lion qui représente
Charles X souverain plus ferme, plus honnête et moins
criminel que son frère.

Ce lion ne tient à la circonférence que par une étendue
étroite, la hauteur de sa poitrine. C'est que le règne de
Charles X doit être court et compris à peu près pour
moitié en deçà et au delà de 1826.

Il porte dans sa gueule un faisceau de dards ou de
flèches, parce que le roi devait, d'une part, continuer à
travailler contre son neveu par mille tracasseries, en
agissant sur la cour de Berlin et, d'autre part, lutter
contre les francs-maçons afin d'effacer du code les lois
démoralisatrices qu'ils avaient obtenues de son pré-
décesseur.

Il porte une épée dans ses pattes la dirigeant sur le

---

(1) Voir Chateaubriand.

lion suivant. Cette épée montre le coup dont Charles X essaie de frapper Louis d'Orléans qui opère dans l'ombre contre lui ; mais l'épée n'a pas porté, ses coups sont restés inutiles.

Le cinquième rayon correspond au milieu de l'année 1839. C'est le milieu du règne de Louis-Philippe.

A cet endroit se trouve un lion qui est suspendu par une bandelette à une distance du cercle suffisante pour que l'animal puisse être figuré tout entier.

L'espace qu'il occupe ainsi en prolongeant les rayons de la circonférence est celui de la durée du règne, 18 ans environ.

Le lion se tient par une patte de derrière sur le sol, tandis qu'avec l'autre il semble prendre son appui sur la boule du monde. Cette boule figure le peuple dont devait se servir Louis-Philippe pour gravir les degrés du trône.

Il tient dans ses pattes de devant une fleur de lys dont il se joue comme un chat le fait de sa proie. C'est l'image de sa conduite à l'égard de Louis XVII.

Il a laissé ce dernier venir à Paris ; il l'a tenu dans ses griffes ou celles de la police jusqu'à ce que les anciens serviteurs et les amis de son père se soient réunis autour de lui de 1833 à 1836, 15 juin. A ce jour, Louis-Philippe le fait saisir, emprisonner, puis expulser en Angleterre.

Il attaque de son front un croissant. Cela figure la guerre que le roi fit aux Turcs en Algérie pendant une partie de son règne.

Le sixième rayon correspond au commencement de l'année 1852. A cette époque la révolution de 1848 touche à sa fin, aussi l'oiseau qui la représente est-il presque entièrement au-dessous du rayon.

Cet oiseau paraît être une oie d'Egypte, animal assez peu troublant comme la République qu'il représente.

Il ne fait qu'un avec le lion précédent qu'il repousse, parce que la République elle aussi s'appuie sur le peuple ;

elle ne montre pas plus de justice envers les descendants de Louis XVI qui réclament en vain leur nom devant les tribunaux en 1851.

Cette oie tient sous sa seconde patte le croissant. C'est que la République devait consommer la lutte en Algérie, prendre possession absolue de cette province et lui donner une constitution.

Elle ouvre ses ailes en étendant son cou. Cela indique combien la République devait s'efforcer de s'étendre à toute l'Europe. Image de la Franc-Maçonnerie dont elle est un triomphe ; orgueilleuse et envahissante, elle profite de ses succès en France pour mettre en mouvement ses adeptes dans toute l'Europe dont elle cherche à renverser tous les trônes.

L'oiseau semble enfin se disposer à atteindre la croix. Cela montre que la République de 1848 a voulu frapper la religion catholique, mais que ses efforts n'ont pas été couronnés de succès.

Elle a même voulu s'attaquer au trône de l'Eglise. Rome, en effet, n'a pas été épargnée ; mais les efforts des révolutionnaires dans cette ville en 1851 n'ont pas suffi pour se saisir de la personne de Pie IX : il a pu fuir à Gaëte. Si l'on prolonge le rayon qui nous occupe et qui correspond à 1851, il vient tomber sur la croix.

Le septième rayon correspond au milieu de l'année 1864, c'est-à-dire aux deux tiers de la durée du règne de Napoléon III, comme empereur.

En face de ce rayon se voit la partie antérieure du corps d'un bœuf, c'est par cet animal d'une intelligence médiocre, qu'est représenté ce nouveau chef d'Etat.

Ce bœuf est pour les deux tiers au-dessus du rayon parce que le règne qu'il figure, commencé en 1852, devait se terminer en 1870, seulement 6 ans après 1864.

Il tient dans ses pattes un long serpent, la queue pendante et descendant au-delà du sixième rayon, la tête mal dressée et tombante comme si l'animal cherchait à fuir. Le prophète ne pouvait pas mieux figurer les premières années du règne de Napoléon : celui-ci arrive, en effet, par la ruse, à la tête de la République, et devient empereur par les mêmes procédés ; il s'était assuré l'alliance des francs-maçons. Mais, ébloui par sa situation, par quelques succès militaires et diplomatiques, il n'obéit plus au serpent, figure du démon, il ne veut pas aller jusqu'à lui abandonner Rome et le serpent cherche à fuir ; il lui retire ses conseils et son soutien, le bœuf tient la tête haute fièrement dressée ; c'est encore la figure de l'empereur, dont l'orgueil et la suffisance n'ont pas de bornes ; à la fin il croit relever sa gloire et son autorité qui lui échappent, dans un plébiscite fameux, puis il se jette tête baissée contre l'Allemagne si bien préparée pour la guerre.

La rose figurée entre les cornes est représentée dans l'original par une couronne tombée en arrière de la tête, en avant du Pape, comme pour montrer le châtiment que Dieu inflige à ce chef d'Etat qui a voulu lutter contre le Concile et le dogme de l'infaillibilité.

Le huitième et dernier rayon correspond au commencement de l'année 1877. A ce point se trouve figurée la tête d'un Pape avec sa tiare. Il ne s'agit plus ici de la France, ni de son gouvernement, auxquels la constitution ne donne aucune autorité, mais de la papauté. On peut se demander pourquoi le prophète termine ainsi cette image qu'il a faite, d'un siècle de révolution en France. En voici, je crois, les motifs :

La France de par sa constitution, n'a aucun chef responsable, ni stable. Celui-ci est à la merci d'un vote des Chambres.

Elle existe sans vivre, se faisant avant tout persécutrice de l'Eglise. Ses bergers ont abandonné leur troupeau catholique qui, en toutes circonstances, ne trouve plus de conducteurs ni de chef que dans la papauté devenue son seul guide par ses instructions et sa force morale.

En un mot, cette situation effacée du pouvoir tient à ce que son véritable chef est celui de la Franc-Maçonnerie qui règne en secret et lutte pied à pied pour vaincre l'Eglise, sa justice, son instruction et sa vertu.

Quoi qu'il en soit, c'est en réalité l'Eglise qui triomphe. C'est elle qui dresse la tête. C'est l'Eglise qui triomphe, d'abord en la personne de Pie IX qui termine son long Pontificat, en élevant à la hauteur d'un dogme la croyance universelle à l'Immaculée Conception ; en réunissant audacieusement devant Victor-Emmanuel le plus grand Concile œcuménique qu'ait vu le monde, en élevant aussi à la hauteur d'un dogme la croyance au Magistère infaillible, en écrasant enfin les fausses doctrines de la secte grandissante, sous les articles du Syllabus. C'est l'Eglise qui triomphe en la personne de Léon XIII, cependant prisonnier au milieu de ses ennemis. Ce dernier confirme le Syllabus ; il dévoile et attaque ouvertement la Franc-Maçonnerie ; il multiplie dans ses discours et dans d'admirables encycliques, ses revendications, ses avertissements ; les principes sociaux, les appels à la prière et ses discours sont écoutés avec vénération ; il est choisi comme arbitre par la Prusse, le pays du Kulturkampf et du vieux catholicisme, sans qu'aucune puissance ose protester ; il est l'objet d'un triomphe sans pareil, à l'occasion de son jubilé sacerdotal, de cette gloire universelle prédite à Marie Lataste par Jésus-Christ lui-même. Il reçoit ainsi, à cette occasion, les hommages respectueux et de riches présents de toutes les puissances du monde quelle que soit leur religion ou leur foi, et, le pouvoir de la France, livré cependant à la Franc-Maçonnerie, n'ose pas rester en arrière. Cette papauté qu'on a voulu réduire à néant en la privant du pouvoir temporel, elle voit dans les nations catholiques, même libérales, et chez les protestants, elle voit les catholiques réclamer de toutes parts la restitution de ses Etats, sans que l'autorité y mette obstacle.

En un mot, c'est bien le Pape seul qui est mis en évidence pendant cette période, parce que seul il le méritait. Mais le prophète a pris soin de ne pas fixer sa figure à la circonférence comme il le pouvait parce qu'il ne s'agissait pas du pouvoir de la France.

A côté de cette figure de Pape, mais plus en dehors de la circonférence, se trouve un étendard déployé (1)

Cet étendard est celui de nos rois, c'est le drapeau fleurdelisé de Louis XVI, de ses ancêtres et de ses petits-fils, qui l'ont ennobli par le Sacré-Cœur depuis 1884.

Si l'on tire un rayon qui atteigne l'extrémité inférieure de cet étendard, on constate que la hampe de ce dernier commence à une hauteur correspondant à l'année 1873. C'est à cette époque, en effet, que la France a été ouverte ; c'est en 1873 que la frontière a pu être franchie par la douloureuse histoire des descendants de Louis XVI ; c'est à cette époque que ces infortunés ont pu se présenter devant la cour d'appel pour lui demander la restitution de leur état civil, en face du comte de Chambord.

L'étendard ne tient pas à la circonférence, puisque ceux qui le portent ne règnent pas.

Il s'élève droit et vaillant à une grande hauteur au-dessus de la circonférence, parce que tenu haut et ferme par Charles XI, alors le fils aîné de Louis XVII, et présenté à la France dans un manifeste remarquable de 1884 avant qu'il paraisse sur le champ de bataille, il est le signe du triomphe du bien sur le mal, du Sacré-Cœur sur la révolution.

La gravure que je viens d'essayer d'interpréter était bien digne d'attirer notre attention ; elle a pour titre un siècle de révolution. Bien des auteurs ont essayé en vain d'en donner une explication sérieuse, ils ont voulu parler

---

(1) Dans l'original la flamme de cet étendard porte le mot : SPOR, qui doit être un abrégé du grec spora, semence. On peut conclure que le prophète a voulu montrer par là que l'étendard royal orné du Sacré-Cœur sera une semence de bienfaits.

Certains auteurs pensent que Spor est pour s p q r forme ancienne désignant *Senatus populusque romanus.*

trop tôt ; aujourd'hui, la chose était plus facile et je puis espérer avoir réussi.

Mais si le siècle de la révolution a commencé au 14 juillet 1789, nous devrions avoir vu sa fin au 14 juillet 1889.

En réalité, si l'on veut étudier les événements de ces dernières années, on constatera que la révolution a cessé de jouir en paix de son triomphe au 14 juillet 1889. Le général Boulanger et la ligue des patriotes ont commencé la contre-révolution qui s'affirme chaque jour plus forte sous les formes d'associations les plus diverses.

C'est aussi en 1889 que paraissait un des livres les plus importants de la cause de la survivance : *Le dernier roi légitime de France.*

Quelle sera l'heure définitive du triomphe ? l'interprétation du prophète d'Orval qui précède semble la donner pour 1910.

Mais n'oublions pas que Dieu a le temps pour lui et qu'il saura nous sauver quand nous l'aurons assez prié.

Dans l'ouvrage remarquable d'où j'ai tiré la roue dont je viens de donner une explication, ouvrage comprenant une série d'images concernant évidemment une succession de plus de 20 papes, se trouvent encore 2 images qui peuvent se rapporter à notre époque ; l'une a pour titre la bête infernale ; l'autre, le prince inattendu.

La première est un dragon ailé à tête d'homme, tête altière à grandes oreilles portant un bonnet phrygien surchargé d'une couronne royale ; sa queue se termine en tête d'aigle tenant dans son bec un poignard et tournée au-dessous comme pour percer ses entrailles ; le ventre repose sur un faisceau de flammes, elles-même sortant de la surface d'eaux sans rivage. Dans la boucle formée par la queue se trouvent sept étoiles qui peuvent représenter les 7 nations hérétiques ou schismatiques de l'Europe :

l'Angleterre, l'Allemagne, la Russie, la Turquie, la Suède et Norvège, la Suisse et le Danemark ; elles sont entraînées par la bête dans l'inimitié de Dieu, 3 autres étoiles approchant extérieurement la queue sont le symbole de la Franc-maçonnerie.

Enfin, à distance de cette bête, la dominant et comme s'en éloignant sont cinq autres étoiles qui pourraient bien représenter les cinq nations catholiques de l'Europe : la France, l'Italie, l'Espagne et le Portugal et la Belgique.

Le texte latin qui accompagne cette gravure est celui-ci : *Vaticinum XV.*

Hæc est ultima fera aspectu terribilis, quæ detrahet stellas. Tunc fugient aves, et reptilia tantummodo remanebunt. Fera crudelis, universa consumens, infernus te expectat.

La seconde gravure, *Vaticinum XXVI*, représente deux jeunes hommes, revêtus seulement d'une courte toge, l'un semblant éloigner l'autre du rocher où il reposait.

Peut-être est-ce l'image d'un jeune prince inattendu ! Le texte qui accompagne cette figure est : *Et elevabitur unctus qui habet pronomen Monachi* (hermite ou moine) *putram habitans extra venit mihi alienæ lactus relinquens et victum agrestem evæ, mortuus, et gemebundus congregans bona dissipans omne premium iniquitatis, qui totus justificatus, quando stella apparibit nigra, tunc erit nudus : Item valde in interiora terræ.*

Imp. ALBERTUS, 146, rue Jeanne-d'Arc, Nancy.